D1664270

Sofia Rab

LITTLE VEGAN ARTISAN

Die Kulinarik mit Kunst und Liebe

2020

Kochen ist ein Akt der Liebe.
Kommt er von Herzen, hat er die magische Kraft,
die Menschen zu verbinden und die Aromen
ins Gleichgewicht zu bringen.

Mit den Schätzen der Natur, die ich in meiner Küche
verwende, gebe ich dieser Liebe eine essbare Form,
die inspiriert und alle Sinne erweckt.

Ich lade Sie ein, mich auf diesem Weg des Herzens durch
die vegane Küche mit Neugier zu begleiten.
Es wird Ihnen nicht nur köstlich schmecken, Sie werden
dabei auch Ihre Gesundheit stärken – und ganz nebenbei
etwas für die Umwelt tun.

INHALT

· · · · · · · · · · · · · ·

VORWORT

Bewusst, gesund und nachhaltig

Vegane Ernährung ist mehr als eine Modeerscheinung. Es ist eine bewusste und dauerhafte Entscheidung für einen neuen Lebensweg, auf dem wir nicht nur unserer eigenen Gesundheit etwas Gutes tun, sondern auch unserer Tier- und der gesamten Umwelt.

Mit einer weniger fleischhaltigen Ernährung nehmen Sie nämlich positiven Einfluss auf das Klima. Es sind weniger Futtermittelanbaugebiete nötig, es müssen keine Regenwälder mehr abgeholzt werden und Sie verbessern Ihren CO_2-Fussabdruck. Der klimaschonende Effekt der veganen Ernährung ist übrigens in verschiedenen Studien (u.a. auch vom Bundesamt für Umwelt BAFU[1] und der Umweltorganisation WWF[2]) belegt worden.

Es liegt nicht in meiner Macht, die Menschheit dazu zu bewegen, auf vegane Ernährung umzustellen. Umso mehr freut es mich aber, wenn ich Sie als einzelne oder einzelnen auf eine wunderschöne kulinarische Reise mitnehmen und Ihnen die vegane Ernährung schmackhaft machen kann. Es liegt mir sehr am Herzen, meinen Teil dazu beizutragen, dass wir Menschen gesund leben, Tieren respekt- und liebevoll begegnen und die Artenvielfalt unseres Planeten schützen.

Kulinarische Überfliegerin

Geboren und aufgewachsen in Ungarn verbrachte ich als Kind viele Sommerferien bei meinen Grosseltern auf dem Land. Damals wie heute kam mir die Natur dort magisch vor. Ein Paradies! Ein märchenhaftes Land mit vielen Obstbäumen, Gemüsefeldern, Weinreben und Wildkräutern. Dieser zauberhafte Lebensraum erfüllte mich mit grosser Achtung und Staunen. Herrlich, in einen frisch gepflückten Apfel zu beissen! Diese wundervollen Erinnerungen und die Lebensfreude aus meiner Kindheit begleiten mich bis heute.

Nach meinem Wirtschaftsstudium fühlte ich mich nicht erfüllt. Ich suchte nach Möglichkeiten, meine Kreativität, Leidenschaft und die Liebe zur Natur leben zu können. Zuerst absolvierte ich eine Ausbildung in Naturkosmetik. Dieser folgte eine weitere Ausbildung zur Rohkost-Chefin an der Matthew-Kenney-Akademie in den USA. Anschliessend setzte ich mein Wissen, meine Erfahrung und Passion als Mitinhaberin der Naturkostbar in Steffisburg ein. Ich steckte all meine Leidenschaft ins Experimentieren mit dem Zusammenspiel

---

1 https://www.bafu.admin.ch/bafu/de/home/themen/wirtschaft-konsum/dossiers/umweltschutz-in-der-mittagspause.html

2 https://www.srf.ch/sendungen/kassensturz-espresso/themen/konsum/veganer-leben-mit-einer-guten-oekobilanz

verschiedener Aromen und entdeckte dabei immer neue Geschmackskombinationen, aus welchen ich meine Rezepte kreierte. So habe ich mir über die Jahre hinweg einen reichen Erfahrungsschatz angeeignet, aus dem ich täglich schöpfe.

In der veganen Küche habe ich meinen Lebensstil gefunden. Hier fühle ich mich angekommen. Es macht mich glücklich, die Freude darüber in diesem Buch mit Ihnen teilen zu dürfen!

Die Natur als grösste Inspirationsquelle

Ich liebe es, meine Mitmenschen mit meinen veganen Kreationen zu verzaubern. Meine Gerichte sollen aufregend, abwechslungsreich, vitalstoffreich und vollwertig sein und die Rezepte in diesem Buch sind bis auf zwei gekennzeichnete Ausnahmen glutenfrei. Es ist meine Leidenschaft, die ursprüngliche Kraft der Natur zu entdecken. Ich lasse mich gerne inspirieren und überlege, wie ich verschiedene Gemüsesorten, Kräuter und Pflanzen schmackhaft kombinieren und zubereiten kann.

In der veganen Küche kann ich meine Kreativität voll ausleben. Das ermöglicht mir, den Alltag loszulassen. Es geht mir nicht darum, einfach nur Fleisch zu ersetzen. Vielmehr weckt die Verbindung verschiedener Aromen ein neues Geschmacksempfinden in mir und ermöglicht mir eine neue Art des Kochens. Je mehr wir ausprobieren und erfahren, desto mehr Freude und Genuss begleitet unsere Lebensweise - und all das mit gutem Gewissen und im Einklang mit der Natur!

Richtige Wahl der Nahrung – ins Gleichgewicht kommen

Hinter unseren Essgewohnheiten stecken ganz viele Informationen. Neue Forschungen über einen gesunden Darm bringen bahnbrechende Erkenntnisse. Unser Darm steuert nicht nur unser Immunsystem, den Stoffwechsel und die Verdauung, sondern auch unsere Stimmung und das Verlangen nach unterschiedlicher Nahrung. Darüber sind sich die Forscher der Cork Universität[3] in Irland einig. Unsere Darmflora ist wie ein heimliches Superhirn. Durch Neurotransmitter wie Serotonin oder Dopamin kommuniziert es ständig mit unserem Gehirn. Wussten Sie, dass 95% der Glückshormone im Darm produziert werden – von sogenannten guten Darmbakterien?

Die grosse Anzahl und Vielfalt an Mikroorganismen und Bakterien können auch den Stoffwechsel beeinflussen. Fertigprodukte, fleischhaltige Ernährung, raffinierte und isolierte Zucker sowie ein Zuviel an Kohlenhydraten fördern die Besiedlung durch schädliche Mikroben, die die intakte Darmflora beschädigen und zu Entzündungen und vielen Krankheiten führen können. Diese Mikroben geben dann den Ton an und verlangen vom Gehirn

---

3 https://www.researchgate.net/publication/309363523_Feeding_the_Microbiota-Gut-Brain_Axis_Diet_Microbiome_and_Neuropsychiatry

die entsprechende Nahrung, egal ob es positive oder negative Auswirkungen auf unseren Körper hat. Das hat zur Folge, dass zu viel falsche Nahrung (Fett, Zucker und einfache Kohlenhydrate) gegessen wird. Und diese wiederum wirkt sich negativ auf die Darmflora aus.

Für die Wiederherstellung des Gleichgewichts der Darmflora sorgen gute Darmbakterien wie Bifido- und Laktobakterien. Diese gedeihen in einem leicht sauren Darmmilieu und werden von einer ballaststoffreichen Ernährung mit viel Gemüse begünstigt. Auch fermentierte Produkte können zu einer gesunden Darmflora beitragen.

Essgewohnheiten umzustellen ist nicht einfach. Es braucht grosse persönliche Motivation, wenn wir uns ein gesundes Geschmacksempfinden angewöhnen wollen. Aber Ihr Körper wird es Ihnen danken, wenn Sie ausgewogen und gesund essen. Denn dann geht es Ihrem Darm gut – und somit auch Ihnen!

Loslassen und geniessen

Sie werden überrascht sein, wie viele interessante essbare Pflanzenarten sich bei einem Spaziergang im Wald oder auf der Wiese finden lassen. Mit ihren vielfältigen Aromen und oft sogar heilenden Kräften lassen sie sich zu einem genussvollen Menü komponieren. Auch Küchenkräuter, Microgreens und Sprossen, die Sie ganz einfach zuhause ziehen können, verleihen den Rezepten in diesem Buch die besondere kulinarische Note.

Leidenschaft, Freude und das Bedürfnis, aus naturbelassenen Lebensmitteln das Beste für die Gesundheit herauszuholen, inspirieren mich zu immer neuen Rezepten. Ich hoffe, Sie werden meine vegane Küche als anregend, abwechslungsreich und schmackhaft erleben.

Mein Wunsch ist es, dass Sie bei Ihren liebevoll zubereiteten Gerichten schon nach dem ersten Bissen spüren, wie sich die Anspannungen des Tages zu lösen beginnen. Geniessen Sie Ihr Essen mit allen Sinnen! Meine Rezepte lassen sich einfach und spielend nachkochen.

Es beglückt mich, Sie auf Ihrem Weg zu mehr Vitalität und Wohlbefinden zu begleiten. In diesem Sinne wünsche ich Ihnen viel Freude beim Kochen und Geniessen. Guten Appetit!

Drinks

Entschlackender
JUICE

. . . .

Äpfel und Sellerie verbessern die Ausscheidung von Schlacken, Ingwer hat entzündungs-
hemmende Eigenschaften, Zitrone und Gurke wirken basisch und das in der Zitrone und in
der Ananas enthaltene Vitamin C, aktiviert die Zellerneuerung. Zimt kurbelt den Stoffwechsel
an, senkt ausserdem die Blutzuckerwerte und den Cholesterinspiegel. Die Ballaststoffe und
das Enzym Bromelain in der Ananas helfen dem Darm Giftstoffe besser los zu werden. Der
Juice schmeckt super erfrischend und ist gut für Körper und Geist.

Zutaten für ca. 800 ml

500 g Äpfel
1/2 Ananas, geschält
1/2 Gurke, ungeschält
1 Selleriestange

1/4 Zitrone, ungeschält
6 - 8 g Ingwer, ungeschält
Prise Zimt, gemahlen

Zubereitung

Alle Zutaten mithilfe des Entsafters schonend auspressen. Mit Zimt verfeinern.

GRÜNER JUICE
mit Petersilie und Koriander

. . . .

Ein harmonischer Juice, welcher den Körper belebt und die Ausscheidung von Schlacken verbessert. Die aromatischen Inhaltsstoffe des Apfels, der Gurke, des Stangenselleries, des Korianders und der Petersilie, gehören zu jeder Entgiftungskur. Der Saft wirkt beruhigend und basisch, zusätzlich aktiviert er, dank dem hohen Vitamin C Gehalt, die Zellerneuerung. Man fühlt sich frisch und fit mit diesem Saft. Durch den Spinat wird die grüne Farbe intensiviert. Der Spinat ist ausserdem eine hervorragende Saftzutat, um den Körper mit Chlorophyll zu versorgen.

Zutaten für ca. 600 ml

400 g Äpfel
170 g Gurke
100 g Selleriestangen
50 g Spinat

10 g Koriander
20 g Petersilie
10 g Zitrone, ungeschält

Zubereitung

Alle Zutaten mithilfe des Entsafters schonend auspressen.

KAROTTEN-ORANGENSAFT
mit Leinsamenöl

Ein Klassiker und ein richtiger Cocktail für die Gesundheit und Schönheit, mit dem man wunderbar in den Tag starten kann. Bereitet die Haut perfekt auf die ersten Sonnenstrahlen vor. Die Carotinoide ergeben die wunderschöne orange Farbe des Karottensaftes. Sie haben eine antioxidative Wirkung und regen die tiefen Hautzellen an, mehr Farbstoff (Melanin) zu produzieren. Sie sorgen mit dem Vitamin A für einen schönen Teint, Feuchtigkeit und die Zellerneuerung. Beide Wirkstoffe sind fettlöslich. Mit der Kombination von hochwertigem, kaltgepresstem Leinsamenöl, kann eine schöne Synergie für die Haut und den Körper geschaffen werden.

Zutaten für ca. 600 ml

500 - 600 g Karotten   etwas Leinsamenöl
3 Orangen

Zubereitung

Orangen schälen. Karotten klein schneiden. Alles in den Entsafter geben. Leinsamenöl in den frischen Saft mischen und gleich geniessen. Der Saft kann 1 - 2 Tage im Kühlschrank aufbewahrt werden.

Tipp

Täglich 8 - 10 g Leinsamenöl einnehmen hilft, den Omega3-Bedarf zu decken. Etwas Ingwer in den Saft mischen. Er ist stoffwechselanregend, fördert die Fettverdauung und regt die Magensäureproduktion an. Durch seine antibakterielle Wirkung unterstützt er die gesunde Darmflora.

ROTE BETE JUICE
mit Pfefferminz

. . . .

Rote Bete ist die Quelle für wichtige Antioxidantien. Ihr Farbstoff, das Betanin, ist ein Antioxidant welches beim Zellschutz eine wichtige Rolle spielt. Der Juice schmeckt süsslich und aromatisch. Die Pfefferminze sorgt für einen Frische-Kick im Juice.

Zutaten für ca. 600 ml

500 g Äpfel   85 g Selleriestangen
200 g Gurke   etwas Pfefferminz
100 g Rote Bete

Zubereitung

Alle Zutaten mithilfe des Entsafters schonend auspressen.

SÜSSKARTOFFEL & FENCHEL
Juice

. . . .

Wunderschöne Farbe, hervorragender Geschmack und viele Nährstoffe verkörpern diesen Juice. Mit dem basischen Gemüse geben wir dem Körper eine leckere und gesunde Basenkur. Dabei zählt die Gurke als Basenkönigin. Die Süsskartoffeln versorgen den Körper mit vielen Vitaminen und Mineralien. Süsskartoffeln sind besonders reich an Vitamin C (30 mg / 100 g) und Vitamin A (1.4 mg / 100 g). Die Birnen und der Fenchel runden den Geschmack des Juice ab. Die in den Birnen enthaltenen Gerbsäuren lindern Entzündungen im Magen-Darm-Trakt auf sanfte Weise. Der Fenchel sorgt nicht nur für einen guten Geschmack, sondern unterstützt auch die Verdauung und regt den Appetit an.

Zutaten für ca. 800 ml

500 g reife Birnen

400 g Süsskartoffeln, geschält

200 g Gurke

150 g Fenchel

100 g Äpfel

1/4 Stück Zitrone mit der Schale

Zubereitung

Alle Zutaten mithilfe des Entsafters schonend auspressen.

SOMMERLIMO
Exotischer Genuss

· · · · · · · · · · · · · · · ·

Wenn es richtig sommerlich warm ist, gibt es nichts Besseres als ein grosses Glas kühle, selbstgemachte Maracuja-Minz-Limonade mit Orangen, Zitronen und Limetten. Ein erfrischender Sommergenuss der belebt. Baobab Pulver verleiht der Limonade einen säuerlichen Geschmack und der hohe Vitamin-C-Gehalt im Baobab-Pulver, hilft den Körper zu revitalisieren. Der in Baobab hohe Ballaststoffanteil hat eine sehr positive Wirkung auf den Darm.

Zutaten für ca. 2 l Limonade

150 ml Orangensaft, frisch gepresst
50 ml Zitronensaft, frisch gepresst
50 ml Maracujasaft, frisch durch
ein Sieb gepresst
1/2 Limette, frisch gepresst
1500 ml Wasser

1 - 2 EL Baobab Pulver
Kokosblütenzucker oder Birkenzucker nach Belieben
Eiswürfel, Minze, Zitronen- und Orangenscheiben zum Servieren

Zubereitung

Alle Zutaten gut vermengen. Alles in eine Karaffe abfüllen. Nach Belieben mit Eiswürfeln, Minze, Zitronen- und Orangenscheiben servieren.

HORCHATA
aus Reis und Mandeln

. . . .

Horchata ist ein beliebter, erfrischender Drink aus Spanien, der auf Erdmandeln, Zimt, Wasser und Zucker basiert. In diesem Rezept wird das Horchata mit Basmati Reis, Mandelmus, Zimt und Wasser hergestellt.

Zutaten für 1 Liter

1000 ml Wasser
60 g Basmati Reis, weiss
1 Zimtstange
40 g Mandelmus
2 Medjool-Datteln

3 EL Reissirup
3 - 5 Tropfen Vanille Essenz
Prise Himalaya Kristallsalz
Eiswürfeln zum Servieren
etwas Zimt, gemahlen

Zubereitung

Wasser, Reis und Zimt in einer Schüssel über Nacht ziehen lassen. Anschliessend Wasser, Reis und Zimtstange im Standmixer gut mixen. Durch ein feines Sieb sieben oder ein Nussmilch-sack benutzen. Standmixer abwaschen, Reismilch mit restlichen Zutaten mixen. Abkühlen lassen und mit Eiswürfeln servieren. Mit Zimt abschmecken. Dieser Drink ist 1 - 2 Tage im Kühlschrank haltbar.

GRÜNER SMOOTHIE
mit Spinat, Apfel, Orange, Zitrone und Ingwer

Diese Grünkraft schenkt Lebensfreude und Vitalität. Ein grüner Smoothie kann zum magischen Zaubertrank der Entgiftung und Erneuerung werden. Dabei wird die Heilkraft des Chlorophylls zur Entgiftung genutzt. Der grüne Smoothie ist ein tolles Basisrezept zum Kennenlernen.

Zutaten für 2 Gläser

150 ml Wasser
2 Handvoll Spinat etwa 60 g
1 kleiner Apfel
1 Banane ohne Schale
1 Orange ohne Schale

Eine halbe Scheibe Zitrone mit der Schale
2 - 3 dünne Scheiben Ingwer
3 Eiswürfel
etwas Spirulina oder Moringa Pulver (optional)

Zubereitung

Alle Zutaten im Standmixer so lange mixen, bis eine cremige Konsistenz entsteht.

GRÜNER SMOOTHIE
mit Basilikum, Birnen und Ananas

· · · · · · · · · · · · · · · ·

Dieser Smoothie macht müde Geister ganz schnell munter. Geschmacklich steckt er voller Wunder und guter Mineralstoffe, Vitamine und Enzyme. Die Ananas enthält sehr viel Bromelain, einem Verdauungsenzym das entzündungshemmend und verdauungsfördernd wirkt. Grün ist die Farbe des Gleichgewichts, der Harmonie und des Friedens. Es ist ein sehr nahrhaftes und lebendiges Getränk. Go Grün!

Zutaten für 3 Gläser

150 ml Wasser
1 - 2 Handvoll Nüssler Salat
2 - 3 Birnen
140 g Ananas, gefroren

1 Banane
1/3 Gurke
10 g Basilikum

Zubereitung

Alle Zutaten im Standmixer so lange mixen, bis eine cremige Konsistenz entsteht.

Tipp

Gefrorene Ananas halten den Smoothie kühl und erfrischend.

ARONIA-PFIRSICH SMOOTHIE
mit Cashew-Macadamia Joghurt

. . . .

DRINKS

Dieser Smoothie enthält viele Antioxidantien, Nährstoffe und Milchsäurebakterien. Frische Aronia-Beeren mit Pfirsich und Cashew-Macadamia Joghurt verjüngen und vervielfachen die Lebensenergie. Milchsäurebakterien, enthalten in Lebensmitteln wie Joghurt, helfen mit, die Darmflora auf natürliche Weise gesund zu halten.

Zutaten für 2 - 3 Gläser

3 weisse Nektarinen oder Pfirsiche
3 Handvoll Aroniabeeren, frisch oder gefroren

200 ml Wasser
3 - 4 EL Cashew-Macadamia Joghurt (S. 76)
1 - 2 TL Kokosblütenzucker zum Abschmecken

Zubereitung

Alle Zutaten im Standmixer so lange mixen, bis eine cremige Konsistenz entsteht.

Tipp

Gefrorene Aroniabeeren können mit Heidelbeeren ersetzt werden.

HIMBEER-LASSI
mit Banane

· · · · · · · · · · · · · · ·

Ein intensives, erfrischendes Himbeeraroma. Wer es bunt mag, kommt an diesem leckeren, himbeerrosafarbenen Drink nicht vorbei. Cashew-Macadamia Joghurt trägt zu einer guten Darmflora bei. Ingwer, Kardamom und Vanille verleihen dem Lassi einen besonders intensiven Geschmack.

Zutaten für 2 Gläser

150 g Cashew-Macadamia Joghurt (S. 76)
100 ml Wasser
1 Banane
50 g Himbeeren, gefroren
1,5 Medjool-Datteln oder 2 - 3 TL Erythrit

1 - 2 kleine Scheiben Ingwer (oder nach Geschmack)
1/4 TL Kardamom, gemahlen
etwas Vanillepulver

Zubereitung

Alle Zutaten im Standmixer so lange mixen, bis eine cremige Konsistenz entsteht.

GRAPEFRUIT-PAPAYA SMOOTHIE
mit Chia Gel

Vitamin C Kickstarter für gute Laune und eine gesunde Darmflora. Das in der Grapefruit enthaltene Vitamin C unterstützt das Immunsystem, schützt vor Entzündungen und kurbelt die Wundheilung an. Papaya, mit ihren Vitalstoffen, Vitaminen, Enzymen und Mineralstoffen bringt unser Immunsystem und die Magen-Darmfunktionen wieder dazu, aus eigener Kraft harmonisch zu arbeiten. Papaya zählt zu den enzymreichsten Lebensmitteln. Das in der Papaya enthaltene Enzym Papain reguliert die Verdauung und wirkt entzündungshemmend im Magen- und Darmtrakt. Durch die Zugabe von Chia Gel wird der Magen nachhaltig gesättigt, der Körper genährt und der Darm mit Ballaststoffen versorgt.

Zutaten für 2 - 3 Gläser

2 - 3 Grapefruit

1 kleine Papaya

1 Apfel

1 - 2 TL Chia Gel

Zubereitung

Saft: Grapefruit entsaften. Papaya längs in der Mitte durchschneiden. Die Kerne auslöffeln, aber nicht wegwerfen. Getrocknet können die Kerne als Pfeffer verwendet werden. Das reife Fruchtfleisch der Papaya mit Grapefruitsaft und einem Apfel in den Standmixer geben und so lange mixen bis eine cremige Konsistenz entsteht. Den Saft in Gläser füllen und mit 1 EL Chia Gel servieren.

Chia Gel: 10 g Chia Samen in 100ml Wasser mischen und 30 - 60 Minuten quellen lassen. Während des Einweichens mehrmals umrühren, damit keine Klumpen entstehen. In einem Einmachglas kann Chia Gel während 1 - 2 Tagen im Kühlschrank aufbewahrt werden.

SCHWARZER SESAMSMOOTHIE
mit Himbeeren und Banane

· · · · · · · · · · · · · · · ·

Der heimliche Star dieses Smoothies ist das steingemahlene, schwarze Sesammus. Der schwarze Sesam hat einen milden, nussigen Geschmack und eine super Nährstoffdichte. Dieser Smoothie ist verwöhnend und deckt mit 20 - 22 g schwarzem Sesammus, ca. 20 – 30 % des Tagesbedarfs an Kalzium, Magnesium, Eisen, Phosphor, Zink, Kupfer, Mangan und Vitamin E, ab. Schwarzer Sesam ist ein Kraftpaket und unterstützt die Knochengesundheit, das Nervensystem, die Blutgerinnung, verbessert die Muskelfunktion und macht schöne Zähne.

Zutaten für 2 Gläser

300 ml Wasser
2.5 TL etwa 20 g Sesammus Schwarz
2 Medjool-Datteln
85 g Himbeeren, gefroren

1 Banane
wenig Vanillepulver zum Abschmecken
Gefriergetrocknete Himbeeren
zum Dekorieren

Zubereitung

Alle Zutaten im Standmixer so lange mixen, bis eine cremige Konsistenz entsteht. Mit gefriergetrockneten Himbeeren servieren.

Bowls, Crêpes & Waffeln

MÜESLI
mit Beerenmischung, Chia Samen und Haferflocken

....

Ein herzhaftes Frühstück, welches sättigt und gesund ist. Die Basis bildet ein cremiges Cashewmus mit Kokosnussmilch. In die Nussmilch werden Chia Samen, Haferflocken und gefrorene Beerenmischung hinzugefügt. Fein geschnittene Bananen und Passionsfruchtsaft werden vor dem Servieren hinzugefügt und mit den ganzen Zutaten vermengt.
Dies verleiht dem Müesli einen fruchtigen Frischekick.

Zutaten für 2-4 Portionen
....

300 ml Wasser
2 EL (etwa 30 g) Cashewmus
1 TL (etwa 8 g) Kokosnussmus
80 g Haferflocken, glutenfrei
25 g Chia Samen

150 g Beerenmischung, gefroren
2 Passionsfrüchte
2 Bananen
3 EL Reissirup oder Agavennektar

Zubereitung
....

Wasser mit dem Cashewmus und Kokosnussmus in den Standmixer geben. Kurz mixen bis es cremig wird. Die Cashew-Kokosmilch in eine Schüssel geben, Chiasamen und Haferflocken unterrühren. Die Schüssel 1 Stunde stehen lassen, bis die Chia Samen und Haferflocken quellen. Gleichzeitig Beerenmischung in einer anderen Schüssel auftauen lassen. Danach beides zusammenfügen. Die Schüsseln können über Nacht auch in den Kühlschrank gestellt werden.
Vor dem Servieren Passionsfrüchte halbieren, auslöffeln und durch ein Sieb streichen. Den Saft in das Müesli geben. Feingeschnittene Bananen unter das Müesli rühren. Reissirup beigeben und sofort geniessen.

HAFERFLOCKEN
mit Waldbeeren, Zimt und Schokolade

· · · · · · · · · · · · · · ·

Dieses köstliche Kraftpaket ist ein richtiger Gaumenschmaus und versorgt Sie mit viel Energie.

Zutaten für 2-3 Portionen

Beerenmischung

150 g Waldbeerenmischung, gefroren
25 ml Wasser
1 - 2 TL Kokosblütenzucker

1/3 TL Zimt, gemahlen
wenig Vanillepulver
1 TL Flohsamenschalen

Porridge mit Haferflocken

80 g Haferflocken, glutenfrei
400 ml Reismilch
50 - 100 ml Reismilch zusätzlich am Ende hinzufügen
wenig Vanillepulver und Himalaya Kristallsalz
pro Portion ½ Banane
pro Portion 1 EL Granatapfelsamen

pro Portion 1 TL dunkle Schokolade, klein geschnitten

Extras nach Belieben
geröstete Haselnüsse fein gehackt, Kokosflocken, Heidelbeeren

Zubereitung

· ·

Beerenmischung: Die gefrorenen Waldbeeren mit dem Wasser in einem Topf kurz aufkochen. Vom Herd nehmen und warm stellen. Kokosblütenzucker, Zimt und Vanillepulver beifügen. Flohsamenschalen unterrühren und für 10 - 20 Minuten quellen lassen bis eine marmeladenartige Konsistenz entsteht.

Porridge mit Haferflocken: Haferflocken mit 400 ml Reismilch, etwas Vanillepulver und Salz unter stetigem Umrühren 10 Minuten köcheln lassen. Danach 50 - 100 ml Reismilch beifügen und kurz mitkochen bis die gewünschte Konsistenz erreicht wird. 5 Minuten stehen lassen bevor das Müesli serviert wird.
Vor dem Servieren Bananen in Scheiben schneiden und mit den Granatapfelsamen, Beerenmischung und der Schokolade auf dem Müesli anrichten. Mit Zimt und Kokosblütenzucker nach Belieben bestreuen.

SÜSSKARTOFFEL-PORRIDGE
mit Gewürzen

Ein wohltuender und wohlschmeckender Klassiker, welcher sich mit hocharomatischen Gewürzen und Süsskartoffel aufpeppen lässt. Gewürze wie Ingwer, Kurkuma, Kardamom und Zimt haben universelle Kräfte, unterstützen die Verdauung und fördern die Gedächtniskraft. Der morgendliche Porridge lässt sich gut mit Hirseflocken, Buchweizenflocken und gemahlenen Mandeln anreichern. Dies bietet ein grossartiges Nährstoffpaket mit interessantem Biss. Mit frischer Papaya und Physalis schmeckt das Porridge sehr harmonisch und frisch.

Zutaten für 2 Portionen

2 EL Haferflocken, glutenfrei

2 EL Buchweizenflocken

2 EL Hirseflocken

2 EL Mandeln oder Haselnüsse, gemahlen

160 ml Reismilch

90 g Süsskartoffel, grob gerieben

1 TL Olivenöl

1/2 TL Kurkuma, gemahlen

1/2 TL Ingwer, gemahlen

1/2 TL Kardamom, gemahlen

1/3 TL Zimt, gemahlen

1/4 TL Nelken, gemahlen

1/4 TL Vanillepulver

wenig schwarzer Pfeffer

Prise Himalaya Kristallsalz

160 ml Reismilch

1 Papaya, in Würfel geschnitten

4 - 6 Stück Physalis

Extras nach Belieben

Kokosraspeln, 1 - 2 TL Reissirup

Zubereitung

Haferflocken, Buchweizenflocken, Hirseflocken und gemahlene Mandeln in 160 ml Reismilch quellen lassen, bis die Süsskartoffel gegart ist. Buchweizen und Hirseflocken können mit Haferflocken ersetzt werden. Süsskartoffel grob reiben. Geriebene Süsskartoffel im Olivenöl 1 Minute andünsten. Die Gewürze beimischen und mit 160 ml Reismilch ablöschen. Etwa 10 - 15 Minuten langsam köcheln lassen, die eingeweichten Flocken und gemahlenen Mandeln dazu geben. 5 - 10 Minuten weiter köcheln.
Mit frischer Papaya, Physalis servieren. Zum Schluss mit Zimt bestreuen.

MANGO-CHIA PUDDING
mit Reisflocken

. . . .

Dieses exotisch-fruchtige Frühstück erfreut den Gaumen mit einer Mischung aus geschmeidig-cremiger Cashew-Kokosmilch, Mango, Passionsfrucht, Chia Samen, frischen Früchten und Reisflocken.

Zutaten für 2–4 Portionen

200 ml Wasser
1 Passionsfrucht
80 g Fruchtfleisch einer reifen Mango
1 EL Reissirup
1 EL Cashewmus
2 TL Kokosnussmus
30 g Chia Samen

30 g Reisflocken
70 g Wasser
1 TL Erythrit oder Reissirup
1 TL Kokosmilchpulver
1 Banane, klein geschnitten
1 Handvoll Heidelbeeren
6 EL Mango, klein geschnitten

Zubereitung

Passionsfrucht halbieren, auslöffeln und durch ein Sieb streichen. Den Saft (25 ml) mit dem Wasser, 80 g Mango, 1 EL Reissirup, Cashewmus und Kokosnussmus in den Standmixer geben. Alle Zutaten mixen, bis eine cremige Konsistenz entsteht. Die Mischung in eine Schüssel geben, die Chia Samen beigeben und gut umrühren. Für eine Stunde in den Kühlschrank stellen.

30 g Reisflocken, 1 TL Erythrit und 1 TL Kokosmilchpulver mit 70 g heissem Wasser übergiessen und umrühren. 5 Minuten warten, bis die Flocken die gesamte Flüssigkeit aufgenommen haben.

Mango-Chia Pudding aus dem Kühlschrank nehmen und mit fein geschnittenen Früchten vermengen. Drei Gläser mit Mango-Chia Pudding befüllen und mit den eingeweichten Reis-Kokosflocken servieren. Mit frischen Früchten dekorieren.

WEISSE POLENTA
mit Kirschen

· · · · · · · · · · · · · · · ·

Dieses köstliche, herzhafte Frühstück ist das Richtige, um unseren Morgen aufzuheitern. Weisse Polenta verleiht diesem Frühstück die helle Farbe und den leicht süsslichen Geschmack. Tiefgekühlte Kirschen sind die perfekte Wahl für den Belag. Die Kirschen zusammen mit wenig Wasser, Kokosblütenzucker leicht kochen lassen. Um die Flüssigkeit zu binden, etwas Flohsamenschalen hinzugeben.

Zutaten Polenta für 2 Portionen

Polenta

600 ml Reismilch oder Kokosmilch   100 g weisse Polenta

Gekochte Kirschen

150 g Kirschen, gefroren   1 TL Kokosblütenzucker
20 g Wasser   3/4 TL Flohsamenschalen

Zubereitung

Polenta: Reismilch leicht aufkochen und Polenta einrühren. Hitze reduzieren, unter Rühren bei kleiner Hitze ca. 10 Minuten zu einem dicken Brei köcheln lassen. Die Polenta etwas abkühlen lassen und in kleinen Schalen zusammen mit den lauwarmen Kirschen servieren.

Kirschen: Kirschen mit wenig Wasser aufkochen bis sie weich sind. Hitze sofort abstellen. Kokosblütenzucker und Flohsamenschalen einrühren und abkühlen lassen, bis die Flüssigkeit verdickt wird und die Kirschen lauwarm werden.

WAFFEL
mit Schokoladenmousse

. . . .

Waffeln - fein und knusprig. Mit Schokoladenmousse kreiert - schmeckt traumhaft. Dieses luftig-leichte und köstliche Schokoladenmousse ist definitiv eine Sünde wert. Mit dieser Verwöhnerei kann das Wochenende verzaubert werden. Die Waffel lässt sich auch mit Cashew-Vanille Creme, Schokoladenraspeln, geschmolzene Schokoladencreme und frischen Beeren geniessen.

Zutaten für etwa 6 Waffeln

Waffel

140 g 4- Korn Mehl (Werz), glutenfrei
200 ml Reismilch
25 g Kokosblütenzucker oder Erythrit
1 TL Weissweinessig oder Apfelessig

30 g Pflanzenmargarine
3/4 TL Backpulver
wenig Salz und Vanillepulver

Cashew-Vanille Creme (S. 51)

Schokoladenmousse für ein 0.5L iSi Siphon

300 ml Wasser
70 g Dunkle Schokolade oder
Couverture Drops
40 g Cashewmus
35 g Kokosblütenzucker

2 - 3 Tropfen Vanille Essenz
1.5 g Guarkernmehl
wenig Vanillepulver
1 iSi Sahnekapsel

Zubereitung

Waffel: Alles in einen Standmixer geben und mixen. Anschliessend den Teig im Waffeleisen je 3 Minuten backen. Waffel mit Schokoladenmousse, Cashew-Vanille Creme (optional) und mit frischen Heidelbeeren, Himbeeren servieren. Die Schokoladenmousse muss 2 - 3 Stunden vor dem Servieren vorbereitet werden.

Schokoladenmousse: Alle Zutaten im Standmixer solange mixen, bis die Schokolade schmilzt und die Schokoladencreme cremig und glatt wird. Anschliessend die Schokoladencreme ins iSi Siphon füllen. 1 iSi Sahnekapsel aufschrauben und kräftig schütteln. Das befüllte iSi Siphon im Kühlschrank 2 - 3 Stunden kaltstellen.

CHIA-JOGHURT
mit Mandel Crumble, Vanille und Himbeeren

· · · · · · · · · · · · · · · · ·

Kleines Frühstück oder Dessert im Glas. Bei diesem verwöhnenden Dessert bleiben keine Wünsche offen. Drei verschiedene Lagen schmecken einfach himmlisch und frisch.
Als Boden roher Keksteig mit Mandeln und Haferflocken. Darauf die in Cashew-Macadamia Joghurt eingelegten Chia Samen. Verfeinert mit Vanille. Die oberste Schicht besteht aus einer Beerenmischung mit Flohsamenschalen, Zimt und Reissirup.

Zutaten für 6 kleine (100 ml) Gläser

Mandel Crumble

50 g Mandeln weiss
30 g glutenfreie Haferflocken
2 - 3 TL Reissirup oder Agavennektar

1 TL Mandelmus weiss
Prise Vanillepulver und Himalaya Kristallsalz

Chia-Joghurt

300 g Cashew-Macadamia Joghurt
selbstgemacht (S. 76) oder
ein Becher Soja-/ Mandeljoghurt nehmen

30 g Chia Samen
1 - 2 TL Reissirup oder Agavennektar
wenig Vanillepulver

Beerenmischung

160 g Waldbeeren Mischung, gefroren
1 TL Flohsamenschalen

1 EL Reissirup
wenig Zimt

Zubereitung

Mandel Crumble: Mandeln mit Haferflocken, Vanille und Salz in die Küchenmaschine geben und kurz alles zerkleinern. Dann Reissirup und Mandelmus beigeben und alles kurz pulsieren bis alles gut vermengt wird und noch etwas krümelig bleibt.

Chia-Joghurt: Joghurt in ein Glas füllen. Chia Samen im Joghurt für 2 - 3 Stunden quellen lassen. Das Glas zudecken und in den Kühlschrank stellen. Mehrmals umrühren, damit keine Klumpen entstehen. Vor dem Servieren mit Reissirup und Vanillepulver abschmecken. Wenn es zu dick ist, etwas Wasser beigeben.

Beerenmischung: Waldbeeren in einem Dörrgerät oder im Ofen bei 50 Grad Umluft auftauen. So bleiben alle Vitamine enthalten. Sonst kurz im Topf erwärmen. Reissirup, Flohsamenschalen und Zimt beigeben. 30 Minuten - 1 Stunde im Kühlschrank quellen lassen, bis die gewünschte Konsistenz erreicht ist. Flohsamenschalen verleihen der Beerenmischung eine marmeladenartige Konsistenz.

Serviervorschlag

Zuerst das Mandel Crumble in das Glas geben, dann das Chia-Joghurt und zum Schluss die Beerenmischung. Nach Belieben mit weisser Schokolade dekorieren. Weisse Schokolade schmelzen und auf einem mit Backpapier belegtem Blech ausgiessen. Mit gefriergetrockneten Beeren bestreuen und aushärten lassen.

CRÊPE MIT APFEL-STRUDEL FÜLLUNG,

Zimt, Vanillecreme und Schokolade

. . . .

Crêpe, gesund und lecker? Unglaublich fluffige Konsistenz mit Joghurt und einer nährstoffreichen glutenfreien Mehlmischung kreiert. Gefüllt mit einer Apfelstrudel Füllung. Für die einzigartige Konsistenz der Apfelfüllung sorgen Flohsamenschalen. Durch ihre Fähigkeit, Wasser zu binden und aufzuquellen, entsteht eine fantastische Füllung aus grob geraspelten Äpfeln und Flohsamenschalen. Zimt und Nelken verfeinern den Geschmack der Apfelfüllung. Flohsamenschalen sind wasserlösliche Ballaststoffe, welche positive Effekte auf die Verdauung haben. Verführerisch schmecken die gefüllten Crêpes mit Cashew-Vanillecreme, Schokolade, gerösteten Haselnüssen und einer Zimt-Zucker-Mischung.

Zutaten für 4-5 Crêpes

Crêpes

120 g 4-Korn Mehl (Werz), glutenfrei	1 TL Backpulver
125 g Sojajoghurt	Prise Himalaya Kristallsalz
300 ml Wasser mit Kohlensäure	

Apfelstrudel Füllung

3 - 4 grosse Äpfel (etwa 450g grob geraspelte Äpfel)	1 TL Zimt, gemahlen
	wenig Nelken, gemahlen
2 TL Zitronensaft	1 - 2 Prisen Vanillepulver
3 EL Reissirup	6 g Flohsamenschalen

Cashew-Vanille Creme

120 g Cashewkerne (eingeweicht etwa 150 - 160 g)	4 EL Reissirup
80 ml Wasser	2 - 4 Tropfen Vanille Essenz
1 - 2 EL Zitronensaft	wenig Himalaya Kristallsalz

Schokoladen Creme

25 g Schokolade Couverture Drops oder Bean to Bar	2 TL Mandelmus weiss
1 EL Haselnussöl	1 TL Reissirup

Zubereitung

Crêpes: Alle Zutaten im Standmixer mixen. Eine beschichtete Pfanne mit Öl leicht einfetten und nur so viel Teig hineingeben, dass der Boden bedeckt ist. Crêpe nach circa einer Minute mit einem langen Pfannenwender umdrehen. Nach einer weiteren halben Minute oder einer Minute ist die Crêpe fertig.

Apfelstrudel Füllung: Äpfel grob raspeln und mit Zitronensaft beträufeln. Geraspelte Äpfel in eine Schüssel geben. Reissirup, Zimt, Vanille und Nelkenpulver dazugeben. Geraffelte Äpfel mit den Flohsamenschalen gut vermengen und zu einer kompakten Füllung zusammendrücken. Die Schüssel für 30 Minuten in den Kühlschrank stellen, bis die gewünschte Konsistenz erreicht wird. Es empfiehlt sich zuerst die Apfelfüllung zuzubereiten, dann die Vanille- und Schokoladencreme. Zum Schluss die Crêpes backen.

Cashew-Vanille Creme: Cashewkerne für 2 Stunden einweichen. Das Einweichwasser abschütten. Cashewkerne mit restlichen Zutaten im Standmixer mixen, bis eine glatte Creme entsteht.

Schokoladen Creme: Couverture Drops über dem Wasserbad schmelzen lassen. Mit Haselnussöl, Mandelmus und Reissirup verfeinern.

Serviervorschlag

Apfelfüllung auf die 4 - 5 Stück Crêpes verteilen. Die Crêpes einzeln aufrollen, dann in 3 - 4 Stücke anschneiden. Die Platten mit Vanille- und Schokoladencreme verzieren und die Crêpes-Stücke darauflegen. Mit Zimt-Zucker und angeschnittener Physalis anrichten. Optional Vogelmiere dazu geben. Für die Zimt-Zucker-Mischung 4 TL fein gemahlener Zucker und 2 TL Zimt vermengen.

Let's snack & dip

MARINIERTE MANDELN
mit Orangen, Kokos und Zimt

· · · · · · · · · · · · · · · ·

Die leckere Kombination aus Orangen, Zimt und Kokosblütenzucker, machen die marinierten Mandeln unwiderstehlich. Als kleiner Snack oder Knusper-Nuss-Topping sind sie sehr beliebt. Besonders aromatisch schmecken sie mit getrockneten Orangenscheiben und Kokosraspeln.

Zutaten für 200 g marinierte Mandeln

40 g Kokosblütenzucker
30 ml Orangensaft, frisch gepresst
20 Tropfen Orangen-Zimt Gewürzessenz
(Primavera)
1 geriebene unbehandelte Orangenschale

200 g Mandeln geschält und fein gehackt

Extras nach Belieben
Kokosraspeln, getrocknete Orangenscheiben oder Mandarinenscheiben

Zubereitung

Kokosblütenzucker im Orangensaft auflösen, 20 Tropfen Orangen-Zimt Gewürzessenz und geriebene Orangenschale beimischen. Mandeln in eine Schüssel geben und mit der Marinade gut vermengen. Ein Backblech mit Backpapier auslegen und die marinierten Mandeln darauf verteilen. Den Backofen auf 100 Grad einstellen und mit Umluft etwa 3 Stunden backen. Die Mandeln in dieser Zeit mehrmals wenden. Nach dem Abkühlen bewahrt man die Mandeln am besten in einem Glas mit Schraubverschluss auf - so sind sie für längere Zeit haltbar. Abgekühlte Mandeln nach Belieben mit Kokosraspeln und getrockneten Orangenscheiben mischen.

Tipp

Ein Becher Natur Joghurt (vegan) mit marinierten Mandeln, getrockneten Orangenstückchen, Kokosraspeln und frischen Mango Würfeln, ist ein fabelhaftes Frühstück oder eine köstliche Zwischenmahlzeit.

KARAMELLISIERTE CASHEWKERNE
mit Kakaonibs

. . . .

Traumhaft schokoladiger Genuss mit feinen Kakaokern-Bruchstücken. Das intensive Aroma der Kakaonibs verbindet sich mit karamellisiertem Kokosblütenzucker, Yacon Sirup und Cashewkernen, zu einem intensiven Geschmackserlebnis. Ein wenig Himalaya Kristallsalz verstärkt diesen Geschmack zusätzlich. Die Kerne sind eine feine Nascherei und eignen sich ebenfalls als Dessert.

Zutaten für 200 g karamellisierte Cashewkerne mit Kakaonibs

35 g Kokosblütenzucker

20 g Yacon Sirup

15 g Wasser

1/3 TL Vanillepulver

4 Prisen Himalaya Kristallsalz

200 g Cashewkerne

20 g Kakaonibs

Extras nach Belieben

Lucuma Pulver oder Maca Pulver

Zubereitung

Kokosblütenzucker mit Yacon Sirup und Wasser mischen, bis sich der Kokosblütenzucker aufgelöst hat. Dann Vanille und Salz zugeben. Die Cashewkerne und die Kakaonibs zusammen mit der Zuckermischung in eine Schüssel geben und gut mischen. Nach Belieben 1 TL Superfoods mit den Cashewkernen vermengen. Anschliessend die marinierten Cashewkerne auf ein mit Backpapier belegtes Backblech legen. Den Backofen auf 100 Grad einstellen und mit Umluft etwa 3 Stunden backen. Die Cashewkerne in dieser Zeit mehrmals wenden. Nach dem Abkühlen werden sie trocken und knusprig. So können sie luftdicht aufbewahrt werden.

Tipp

Superfoods wie Lucuma- oder Maca-Pulver runden den Geschmack ab.

MARINIERTE NÜSSE
mit Pesto Rosso

. . . .

Ein aromatisches Pesto aus getrockneten Tomaten, Karotten, Paprika, frischen Tomaten und Küchenkräuter. Mit Nüssen vermengt und gebacken eine Delikatesse, welche jeden Salatteller aufpeppt. Die marinierten Nüsse können als Snack für Zwischendurch oder als kulinarische Erweiterung über den Salat verwendet werden.

Zutaten für 250 g Nussmischung

Nussmischung

80 g Mandeln geschält	25 g Sesamsamen
70 g Sonnenblumenkerne	15 g Leinsamen gelb
50 g Kürbiskerne	10 g Pinienkerne

Marinade

140 g frische Tomaten	2 Knoblauchzehen
50 g Karotten	1 TL frische Rosmarinblätter, fein gehackt
45 g getrocknete Tomaten	1 TL frischer Thymian, fein gehackt
45 g rote Peperoni	1 TL frischer Oregano, fein gehackt
30 g Olivenöl	wenig Pfeffer

Zubereitung

Nussmischung: Mandeln grob hacken. Alle Nüsse in eine Schüssel geben und mit der Marinade vermengen. Die marinierten Nüsse auf ein mit Backpapier belegtes Backblech legen. Den Backofen auf 100 Grad einstellen. Mit Umluft etwa 3 Stunden, oder bis sie trocken und knusprig werden, backen.

Marinade: Frische Tomaten und Karotten grob schneiden. Alle Zutaten in den Standmixer geben und pürieren. Wenn die getrockneten Tomaten gesalzen sind, braucht die Marinade kein zusätzliches Salz.

Tipp

Für eine pikante Version der Marinade getrocknete Chiliflocken hinzufügen.

Veganer
PARMESAN CRISP

· · · · · · · · · · · · · · ·

Veganer Parmesan in Form von Cashew-Macadamia Parmesan Crisp hat eine einzigartige Konsistenz und schmeckt nach Käse. Es ist ein köstlicher Snack und passt hervorragend zu Risotto, Nudeln und Salat. Eingeweichte Nüsse werden mit Wasser, Edelhefeflocken und Probiotika gemixt und dünn auf ein mit Backpapier belegtes Blech aufgetragen. Mit Schnittlauch, Schwarzkümmelsamen und Gewürzen bestreuen und im Ofen trocknen.

Zutaten für 2 Backbleche

100 g Cashewkerne
100 g Macadamianüsse
300 ml Wasser
4 - 6 EL Edelhefeflocken
1 TL Himalaya Kristallsalz

2 TL (3,5 g) Flohsamenschalen
1 Probiotika Kapsel

Extras nach Belieben
Schnittlauch, Pfeffer, Gewürzmischung

Zubereitung

Cashewkerne und Macadamianüsse in eine Schüssel geben und im Wasser 3 - 4 Stunden oder über Nacht einweichen. Anschliessend das Wasser abschütten und die eingeweichten Nüsse mit 300 ml Wasser, Edelhefeflocken und Salz im Standmixer mixen, bis eine cremige Konsistenz entsteht. Die Probiotika Kapsel öffnen. Flohsamenschalen und Probiotika Pulver beigeben und kurz weitermixen, bis die Masse dickflüssig wird. Die Masse auf zwei mit Backpapier belegten Backbleche dünn ausstreichen. Mit dem frischen und klein geschnittenen Schnittlauch bestreuen. Mit wenig Pfeffer würzen. Je nach Geschmack können auch Schwarzkümmelsamen und andere Gewürze verwendet werden. Den Backofen auf 100 Grad einstellen. Mit Umluft etwa 5 Stunden, oder bis die Masse trocken und knusprig ist, backen. Wenn sie abgekühlt ist in grobe Stücke teilen und luftdicht aufbewahren.

KRÄCKER, DIPS UND AUFSTRICHE
herzhafte Snacks

. . . .

Kräcker mit Dip sind der unschlagbare Apéro-Hit. Eine bunte Mischung mit verschiedenen Dips und glutenfreien knackigen Kräckern, lässt Sie zuhause eine gemütliche Zeit erleben und verschiedenste Köstlichkeiten mit Freunden geniessen. Der Trick, um knusprige Kräcker zu kreieren, liegt an einer besonderen Mischung von Wasser und Flohsamenschalen. Zusammen gemixt bilden sie eine gelartige Konsistenz, halten den Teig zusammen und verleihen den Kräckern eine luftige Konsistenz. Die in den Kräckern enthaltenen verschiedenen Samen und Kerne, überzeugen mit einzigartigem Geschmack und der hohen Nährstoffdichte.

Vorbereitung für Kräcker

Flohsamen Gel für 4 Portionen

500 ml Wasser   10 g Flohsamenschale

Das Wasser mit den Flohsamenschalen im Standmixer mixen bis eine gelartige, dickflüssige Konsistenz entsteht. Die Masse dafür etwa 20 - 30 Sekunden auf höchster Geschwindigkeitsstufe mixen.

Eingeweichte Leinsamen

80 g Leinsamen gelb   80 g Wasser

Leinsamen in eine kleine Schale geben, mit Wasser übergiessen und 20 Minuten quellen lassen.

Zutaten für je 1 Blech Kräcker

Sonnenblumen & Sesam Kräcker

45 g Sonnenblumenkerne, gemahlen	1 EL Olivenöl
30 g eingeweichte Leinsamen	1/2 TL Himalaya Kristallsalz
15 g Sesamsamen	etwas Pfeffer und Knoblauchpulver
15 g 4-Korn-Mehl (Werz), glutenfrei	100 g Flohsamen Gel

Kürbiskern Kräcker

50 g Kürbiskerne, grob gemahlen	1/2 TL Himalaya Kristallsalz
30 g 4-Korn-Mehl (Werz), glutenfrei	etwas Pfeffer
1 EL Olivenöl oder Kürbiskernöl	100 g Flohsamen Gel

4-Korn Kräcker (Reis, Hirse, Mais, Buchweizen)

60 g 4-Korn-Mehl (Werz), glutenfrei	1 TL Kümmel, gemahlen
30 g eingeweichte Leinsamen	1/2 TL Himalaya Kristallsalz
15 g Sesamsamen	etwas Pfeffer
20 g Wasser	100 g Flohsamen Gel
1 EL Olivenöl	

Schwarze Oliven Kräcker

60 g 4-Korn-Mehl (Werz), glutenfrei	1 EL Olivenöl
30 g eingeweichte Leinsamen	1 TL Oregano, getrocknet
15 g Sesamsamen	1/2 TL Himalaya Kristallsalz
20 g Wasser	etwas Pfeffer
10 Stück schwarze Oliven, klein geschnitten	100 g Flohsamen Gel

Zubereitung

Alle Zutaten in eine Schüssel geben und gut vermengen. Die Masse auf ein mit Backpapier belegtem Blech dünn ausstreichen. Den Backofen auf 150 Grad vorheizen und anschliessend bei 100 - 150 Grad nur mit Umluft etwa 1 - 2 Stunden, oder bis die Kräcker gleichmässig trocken und knusprig sind, backen. Je nachdem, wie dünn oder dick die Masse aufgetragen wird, kann die Backzeit variieren. Wenn die Masse abgekühlt ist, in grobe Stücke teilen und luftdicht aufbewahren.

Tipp

Damit die Schwarze-Oliven Kräcker die schöne Farbe der schwarzen Oliven bekommen, können beim Mixen des Flohsamen Gels bereits 20 g entsteinte schwarze Oliven beige-mischt werden. Für ein bis zwei Bleche, reicht die Hälfte der Menge des Flohsamen Gels. 250 g Wasser mit 5 g Flohsamenschalen und 20 g entsteinte, schwarze Oliven mixen.

Zutaten für Dips und Aufstriche

Baba Ganoush

3 Auberginen, ca. 800 g

Hälfte einer kleinen Zwiebel

1 TL Sesammus

1 TL Zitronensaft, frisch gepresst

1/2 TL Paprika Pulver

1/2 TL Himalaya Kristallsalz

2 EL Olivenöl

2 EL Mandel Mayonnaise

etwas Pfeffer und Knoblauchpulver

Tomaten Salsa

120 g reife Fleischtomaten

16 g ca. 3 Stück sonnengetrocknete Tomaten

3 EL Olivenöl

1.5 TL Cashewmus

10 grössere Basilikumblätter

wenig Zitronenpfeffer

Hummus mit Avocado und Basilikum

150 g Kichererbsen aus dem Glas

1 grosse Avocado

25 ml Olivenöl

25 ml Wasser

1 EL Zitronensaft

eine kleine Handvoll Basilikumblätter (ca. 6 g)

1/3 TL Himalaya Kristallsalz

wenig Zitronenpfeffer

Pilz Paté mit Beluga-Linsen

40 g Beluga-Linsen

150 g Wasser

130 g Champignons braun

120 g kleine Kräuterseitlinge

3 EL Brat-Olivenöl

2 - 3 Knoblauchzehen

1/2 TL Himalaya Kristallsalz oder Selleriesalz

1 - 2 EL Zitronenthymianblättchen

2 EL Wasser

1 EL Olivenöl

2 TL Tamari Sauce

2 EL veganer Sauerrahm oder Cashew-Ricotta

etwas Zitronenpfeffer

Veganer Frischkäse mit Kapern und Schnittlauch

180 g fermentierte Cashewcreme (S. 78)

50 g Kapern, fein geschnitten

4 - 5 EL Olivenöl

1 - 2 TL Zitronensaft

1 - 2 EL Petersilie, fein geschnitten

2 EL Schnittlauch, fein geschnitten

etwas weisser Pfeffer

Himalaya Kristallsalz nach Geschmack

20 ml Wasser oder Marinade von Kapern (optional)

Kokos-Joghurt Kurkuma Butter

125 g Kokosfett, desodoriert

100 g Natur Joghurt, vegan

50 ml Rapsöl

wenig Kurkuma, Pfeffer und Himalaya Kristallsalz

Zubereitung

Baba Ganoush: Die Auberginen mit einer Gabel einstechen und für 60 - 80 Minuten im 200 Grad heissen Ofen backen. Die Auberginen während dem Backen einmal wenden, damit die Schale von beiden Seiten leicht anbrennt. Die Auberginen aus dem Ofen nehmen, abkühlen lassen und aufschneiden. Das Innere herauskratzen und in einem Sieb abtropfen lassen. Dann die Auberginen zerdrücken oder ganz fein schneiden und in eine Schüssel geben. Zwiebeln fein reiben. Geriebene Zwiebel, Sesammus, Zitronensaft, Paprika Pulver, Salz, Olivenöl und vegane Mayonnaise dazugeben. Nach Belieben mit Pfeffer und Knoblauchpulver abschmecken.

Tomaten Salsa: Alle Zutaten im Standmixer mixen, bis eine cremige Konsistenz erreicht wird.

Hummus mit Avocado und Basilikum: Alle Zutaten in eine Küchenmaschine geben und zerkleinern bis die gewünschte Konsistenz erreicht wird.

Pilz Paté mit Beluga-Linsen: 40 g Beluga-Linsen in 150 g Wasser aufkochen lassen. Hitze reduzieren und die Linsen etwa 20 Minuten köcheln lassen. Linsen abtropfen lassen. Ergibt ca. 80 g gekochte Linsen. Die Pilze in dünne Scheiben schneiden und mit Brat-Olivenöl und zwei zerdrückten Knoblauchzehen, Salz und fein geschnittenen Zitronenthymian, anbraten. Die angebratenen Pilze mit den gekochten Linsen, Wasser, Olivenöl, Tamari Sauce und Sauerrahm im Standmixer mixen. Mit Zitronenpfeffer abschmecken.

Veganer Frischkäse mit Kapern und Schnittlauch: Fermentierte Cashewcreme mit Kapern, Olivenöl, Zitronensaft und Pfeffer vermischen. Fein geschnittene Petersilie und Schnittlauch beigeben. Wenn es zu dickflüssig ist, mit etwas Wasser oder der Marinade der Kapern verdünnen. Je nach dem Salzgehalt der eingelegten Kapern wird die Grundmasse genug salzig, sonst den Geschmack mit Himalaya Kristallsalz abrunden.

Kokos-Joghurt Kurkuma Butter: Kokosfett schmelzen lassen. Kokosfett und Rapsöl langsam unter das Joghurt rühren, dazu einen Schneebesen verwenden. Etwas Kurkuma Pulver, Pfeffer und Salz beimischen. Wenn es dickflüssig wird, die Schüssel mit der Butter kurz in den Tiefkühler stellen. Nach 5 Minuten die Schüssel herausnehmen und mit dem Schneebesen so lange rühren, bis die Konsistenz der Butter fest und cremig wird. Die Kokos-Joghurt Kurkuma Butter kann in einem Glas im Kühlschrank aufbewahrt werden.

KARTOFFELSALAT
mit Peperonicreme

· · · · · · · · · · · · · · · ·

Diese hübschen kleinen Gläser gefüllt mit Kartoffelsalat und Paprikacreme sind der perfekte Fingerfood. Die Zutaten für den Kartoffelsalat fein hacken, damit sich die Aromen im kleinen Glas gut verbinden. Mit eingelegten Salzgurken, Oliven, Kräckers und Microgreens, servieren.

Zutaten für 8 Gläser je 100 ml

Kartoffelsalat

350 g Kartoffel, klein gewürfelt und gekocht
90 g Gurke, klein gewürfelt
70 g rote Peperoni, klein gewürfelt
1 - 2 Salzgurke, fein gewürfelt
2 - 3 TL Petersilie, fein geschnitten
3 - 4 EL Olivenöl

3 TL Mandel Mayonnaise
1 TL Zitronensaft, frisch gepresst
1 TL Tamari Sauce
Himalaya Kristallsalz und Zitronenpfeffer
nach Geschmack

Peperonicreme

2 grosse rote Peperoni ca. 400 g
2 Knoblauchzehen, fein zerdrückt
2 - 4 TL Olivenöl
2 TL Rosmarin fein geschnitten

80 g Kirschtomaten
4 TL Cashew-Ricotta
1/3 TL Himalaya Kristallsalz

Zubereitung

Kartoffelsalat: Gekochte Kartoffeln mit dem Gemüse in einer Schüssel vermengen. Olivenöl, Mandel Mayonnaise, Zitronensaft, Tamari Sauce und Gewürze beigeben. Kartoffelsalat vor dem Servieren frisch zubereiten und in Gläser füllen. Mit Peperonicreme, Kräcker, Sprossen oder Mircogreens servieren. Schälchen mit Oliven und Salzgurken befüllen und mit dem Kartoffelsalat zusammen servieren.

Peperonicreme: Peperoni entkernen, halbieren. Die Peperonihälften halbieren oder dritteln. Mit dem Olivenöl beträufeln. Rosmarin und Knoblauch auf die Paprikaschnitten verteilen. Im Backofen bei 180 Grad, 30 Minuten backen. Abkühlen lassen. Dann die Haut vorsichtig abziehen. Im kleinen Mixer die gebackenen Peperoni, den Knoblauch und Rosmarin mit frischen Tomaten, Cashew-Ricotta und Salz zusammen mixen, bis die Masse glatt und cremig ist.

SAUERTEIGBROT
mit Hummus und Auberginen Chutney

. . . .

Ergibt pro Rezept eine Schale

Hummus Nature

200 g Kichererbsen aus dem Glas/Dose	40 - 50 g Wasser
20 g Sesammus	20 g Zitronensaft
40 g Rapsöl	1/2 Knoblauchzehe
10 g Sesamöl oder Olivenöl	1/2 TL Himalaya Kristallsalz

Pikantes Hummus

200 g Kichererbsen aus dem Glas/Dose	40 - 50 g frische Kirschtomaten
20 g Sesammus	10 - 15 g getrocknete Tomaten
40 g Rapsöl	1/2 Knoblauchzehe
10 g Sesamöl oder Olivenöl	1/2 TL Himalaya Kristallsalz
40 - 50 g Wasser	1/4 TL Kreuzkümmel, gemahlen
20 g Zitronensaft	etwas Chiliflocken

Auberginen Chutney

35 g Weissweinessig	1/3 TL Kurkuma, gemahlen
8 - 10 g Kokosblütenzucker	1/4 TL Schwarzkümmelsamen
1 - 2 Knoblauchzehen	1/2 TL Himalaya Kristallsalz
5 g Ingwer	Pfeffer aus der Mühle
5 EL Oliven-Bratöl	100 ml Wasser
270 g Aubergine, geschält und klein gewürfelt	80 g Kirschtomaten, klein gewürfelt
1 TL Kreuzkümmel, gemahlen	

Zubereitung

. . . .

Hummus Nature und pikantes Hummus: Kichererbsen abwaschen und gut abtropfen. Alle Zutaten im Standmixer cremig mixen.

Auberginen Chutney: Weissweinessig mit Kokosblütenzucker, Ingwer und Knoblauch mit dem Mixer mixen. Öl in der Pfanne erhitzen und darin die Auberginen ca. 4 Minuten unter ständigem Rühren anbraten. Mit Kreuzkümmel, Kurkuma, Schwarzkümmelsamen, Salz und Pfeffer abschmecken und weitere 2 Minuten braten. Tomaten beigeben und 1 Minute weiterbraten. Mit der Essigmischung und dem Wasser ablöschen. Zugedeckt 20 Minuten köcheln lassen. Hitze abschalten und abkühlen lassen. Im Kühlschrank gut verschlossen eine Woche haltbar.

Bauchwohl & Fermente

Cashew-Macadamia
JOGHURT

· · · · · · · · · · · · · · ·

Cashew-Macadamia Joghurt ist einfach zubereitet, verwöhnt den Gaumen und liefert gute Milchsäurebakterien für die Darmflora. Das Joghurt kann mit Superfoods gewürzt und angereichert werden. Frische Früchte ergänzen den säuerlichen Geschmack des Joghurts und bieten eine Vielfalt an unendlichen Kombinationen mit knusprigem Granola.

Zutaten für 500g Joghurt

100 g Cashewkerne (140 g eingeweicht)   600 ml Wasser
100 g Macadamianussmus   2 Probiotik Kapseln

Zubereitung

Cashewkerne 2 - 4 Stunden einweichen. Das Wasser abschütten, die Cashewkerne abspülen und mit 100 g Macadamianussmus und 300 ml Wasser im Vitamix so lange mixen, bis eine glatte und cremige Konsistenz entsteht. Zum Schluss noch 300 ml Wasser hinzugeben und mit 2 aufgelösten Probiotik Kapseln kurz mixen. (Probiotik Kapseln in 30 ml Wasser geben, mit einem Holzstäbchen gut umrühren, bis sie aufgelöst werden). Die Masse in zwei Schüsseln geben und bei 39 Grad Celsius etwa 10 Stunden fermentieren lassen. Ein Dörrgerät ist optimal für das Fermentieren von Joghurt.
In Gläser abfüllen, schliessen und in den Kühlschrank stellen.

Tipp

Joghurt lässt sich mit Maquibeerenpulver dunkelviolett färben. Der Joghurt kann vor dem Servieren mit eingeweichten, gefriergetrockneten oder frischen Früchten gemixt werden.

CASHEWKÄSE
Fermentiert

· · · · · · · · · · · · · · · ·

Durch die Fermentation mit edlen Bakterienkulturen/Probiotika erhält dieser vegane Käse aus Cashewkernen seinen unvergleichlichen Geschmack. Die Kerne sind sehr weich und verleihen dem Käse die gewünschte cremige Konsistenz. Durch die Fermentation vermehren sich die aerotoleranten Milchsäurebakterien im Käse, die für den charakteristischen, säuerlichen Geschmack verantwortlich sind. Cashewkäse kann man nach der Fermentation als Frischkäse mit Gewürzen sofort geniessen oder in einen Dessertring füllen, im Kühlschrank bei speziellen Lagerungsbedingungen reifen und trocknen lassen, bis er schnittfest wird.

Zutaten für die Grundmasse (ergibt 6 Laibe)

Fermentierte Cashew-Grundmasse

450 g Cashewkerne (nach dem Einweichen 600 g)
250 ml Wasser

4 Probiotika Kapseln
16 g Edelhefeflocken

Zutaten für 2 Laibe
(je ca. 100 g pro Geschmacksrichtung)

Natur Käse

200 g fermentierte Cashew-Grundmasse
1 - 2 TL Zitronensaft
1 - 2 g Himalaya Kristallsalz

1/4 TL Knoblauchpulver
1 - 2 Prisen weisser Pfeffer

Pikanter Paprika-Käse

200 g fermentierte Cashew-Grundmasse
1 - 2 TL Zitronensaft
1 TL etwa 3 g Edelpaprika Pulver
1 - 2 g Himalaya Kristallsalz

1/4 TL Knoblauchpulver
1/4 TL Kümmel, gemahlen
1 - 2 Prisen weisser Pfeffer

Italienischer Käse

200 g fermentierte Cashew-Grundmasse
1 - 2 TL Zitronensaft
1 g italienische Gewürzmischung
1 g Himalaya Kristallsalz (optional)

wenig Knoblauchpulver
6 - 8 getrocknete Tomaten
1 - 2 Prisen weisser Pfeffer

Zubereitung

Grundmasse : Cashewkerne für 4 - 6 Stunden bei Zimmertemperatur oder über Nacht in Wasser einweichen. Anschliessend die Menge der eingeweichten Cashewkerne (ca. 600 g) in zwei Portionen aufteilen, da im Standmixer nur 300 g cremig gemixt werden können. 300 g eingeweichte Cashewkerne mit 100 ml Wasser und 8 g Edelhefeflocken im Hochleistungsmixer glatt mixen. Eventuell einen Stössel benutzen, damit die Masse cremig gemixt werden kann. Nun 2 Probiotika Kapseln öffnen und mit 25 ml Wasser auflösen. Die Lösung in die Masse geben und kurz mixen. Die Masse darf nicht heiss werden, sonst wird die Probiotika Kultur vernichtet.

Anschliessend das Ganze in eine kleine Glasschüssel oder in ein Einmachglas mit breiter Mundöffnung geben und mit einem Käsetuch oder mit einem sauberen Küchentuch bedecken. Nun das Ganze mit den anderen 300 g nochmals wiederholen. Beide Massen zu einer Käsemasse zusammenfügen und bei Zimmertemperatur 24 Stunden lang fermentieren lassen. Nach 24 Stunden schmeckt die Masse leicht säuerlich und es bilden sich kleine Luftblasen. Je wärmer die Temperatur, desto schneller läuft die Fermentation ab. Wenn es zu warm wird, kann die Fermentation umkippen und es bilden sich schädliche Bakterien. Anschliessend die fermentierte Cashew-Grundmasse würzen, formen und in den Kühlschrank stellen.

Natur Käse, pikanter Paprika-Käse, italienischer Käse:

Die fermentierte Cashew-Grundmasse in eine Schüssel geben und je nach Geschmacksrichtung (Natur Käse, pikanter Paprika-Käse) mit Gewürzen gut vermengen. Beim italienischen Käse muss die Grundmasse mit Gewürzen und getrockneten Tomaten im Mixer gemixt werden, damit eine cremige Konsistenz entsteht. Die Masse kann als Frischkäse sofort serviert oder im Kühlschrank 2 - 3 Tage aufbewahrt werden.

Für den schnittfesten Käse muss die gewürzte Cashew-Grundmasse geformt werden. Zuerst ein Backpapier auf einem Schneidebrett oder auf einem Küchengitter legen und darauf einen Dessertring (8 cm Durchmesser) stellen. Die Seitenwände mit einem Streifen Backpapier auslegen. Ca. 100 g Masse in den mit Backpapier ausgelegten Dessertring füllen. Vorsichtig den Ring abziehen, das Backpapier hält dann die Form des Käses. Aus der Cashew-Grundmasse lassen sich ca. 6 Laibe formen.

Die Laibe im Kühlschrank trocknen und reifen lassen. Je dickflüssiger die Masse ist, desto besser kann das Backpapier die Form der Käse halten. Den Käse am besten auf ein Gitter im Kühlschrank stellen, damit dieser gut trocknen kann. Nach einer Woche sind die Käse fester. Diese Reifezeit kann länger dauern, wenn der Kühlschrank gut gefüllt ist und sich viel Feuchtigkeit gebildet hat. Je länger der Käse im Kühlschrank bleibt, desto härter wird er und bekommt eine schöne Kruste. Ohne Kunststoff Verpackung offen im Kühlschrank lagern bleiben die Käse für 2 – 4 Wochen gut erhalten.. Idealerweise sollte die Lagerung bei 4 - 6 Grad und möglichst geringer Luftfeuchtigkeit stattfinden, damit kein Schimmel entstehen kann.

SALZGURKEN & BLUMENKOHL
Eingelegt

· · · · · · · · · · · · · · ·

Der Ablauf beim Fermentieren von Gemüse in Salzlake ist immer ähnlich, dabei kann beliebiges Gemüse verwendet und ausprobiert werden. Salzgurken schmecken mit Blumenkohl wunderbar. Die Fermentation veredelt den Geschmack von Gemüse. Mit Gewürzen eingelegt entsteht eine gesunde und köstliche Leckerei. Milchsäurebakterien, die die Fermentation in Salzlake steuern, existieren bereits auf der Oberfläche des Gemüses und sind im Gegensatz zu anderen schädlichen Mikroben, salztolerant. Milchsäurebakterien produzieren Milchsäure. Sie schaffen einen sauren Geschmack, halten das fermentierte Gemüse lange geniessbar und können zu einer gesunden Darmflora beitragen.

Zutaten für 1 Liter Glas

Eingelegtes Gemüse

280 g mini Gurken, geschnitten
80 - 100 g Blumenkohl
75 g Kartoffeln, geschält
2 - 3 Knoblauchzehe

10 - 20 g Dill
12 schwarze Pfefferkörner
Koriandersamen (optional)

Salzlake (2,5 %)

800 ml Wasser

20 g Himalaya Kristallsalz

Zubereitung

Gurken abspülen und in 1 – 2 cm grosse Stücke schneiden. Blumenkohl klein schneiden. Kartoffeln schälen und in 3 - 4 Scheiben schneiden. Knoblauch schälen. Die Gurken abwechselnd mit Dill, Blumenkohl, Kartoffeln, Pfefferkörnern und Knoblauch fest in das Glas schichten. Dill am besten zwischen das Gemüse legen, damit diese nicht an die Oberfläche kommt, sonst kann es leicht schimmeln. Salzlake bis ca. 2 cm unter den Rand in das Glas füllen, bis das Gemüse gut bedeckt ist. Das Gemüse kann zusätzlich mit einem Stein oder Glas beschwert werden. Gärgefäss schliessen und bei Zimmertemperatur ca. 4 - 6 Tage fermentieren lassen. Nach 4 - 6 Tage wird das Wasser milchig aussehen und der Geschmack des Gemüses ist leicht sauer. Wenn das gewünschte Fermentierungsstadium erreicht ist, kann das Gemüse im gut verschlossenen Glas im Kühlschrank gelagert werden. Im Sommer läuft die Fermentation schneller ab. Die Kartoffel wird für die Milchsäurebakterien gebraucht. Nicht roh essen!

Tipp

Um bei Einmachgläsern übermässigen Druck zu vermeiden, den Deckel nicht zu fest zudrehen. So kann das Gas entweichen. Bei Drahtbügelgläsern kann der Gummiring entfernt werden und die Gasbildung wird automatisch reguliert. Gläser mit Gärverschluss oder Töpfe aus Keramik dienen am besten für die Fermentation. Wenn sich auf der Oberfläche Schaum bildet, kann dieser entfernt werden, um Schimmel zu vermeiden. Haltbarkeit: Im Kühlschrank 1 - 2 Monate.
Ein Stück rote Beete im Glas gibt dem Blumenkohl eine wunderschöne violette Farbe.

KIMCHI

· · · · · · · · · · · · · · ·

Kimchi ist ein koreanisches Nationalgericht - und aufgrund der enthaltenen Milchsäure-bakterien ein echtes Superfood für die Darmflora. Dieses vegane Kimchi wird mit pikantem Apfelmus kreiert. Knoblauch und Ingwer sorgen für den intensiven Geschmack. Mit Apfelmus läuft der Gärungsprozess schneller ab und muss nach 2 Tagen schon in den Kühlschrank gestellt werden und nachreifen. Kimchi ist ein super intensives Geschmackserlebnis, welches den Geschmack vieler Gerichte verstärken kann.

Zutaten für ein 0.5 Liter Drahtbügelglas

90 g Bierrettich, fein geschnitten
90 g Karotten, fein geschnitten
280 g Chinakohl, 2 cm breit geschnitten
11.5 g Himalaya Kristallsalz (2,5 %)
200 g Apfel, geschnitten

6 g Ingwer
1/2 - 1 Knoblauchzehe
1 - 2 TL Paprika Pulver, edelsüss
Cayenne Pfeffer / Koreanische Chiliflocken
nach Geschmack

Zubereitung

Bierrettich und Karotten mit Sparschäler in dünne Scheiben und anschliessend mit dem Messer in dünne Streifen schneiden. Den geschnittenen Chinakohl, den Bierrettich und die Karotten in eine Schüssel geben und mit Salz bestreuen, dann wenig einmassieren. Salz-menge (2.5%) basiert auf der gesamten Gemüsemenge. Bei 460 g Gemüse wird 11.5 g verwendet. Den Apfel mit dem Ingwer und Knoblauch im Mixer fein pürieren. Das Gemüse mit der würzigen Fruchtmasse mischen. Paprika Pulver und Chiliflocken beigeben und mischen. Kimchi ohne Luftblasen bis ca. 2 cm unter den Rand in das Glas füllen und gut andrücken, bis das Kimchi mit dem eigenen Saft gut bedeckt ist. Das Glas schliessen und für 2 - 3 Tage bei Zimmertemperatur stehen lassen. Gas mehrmals am Tag entweichen lassen. Nach 2 - 3 Tagen in den Kühlschrank stellen und 4 - 5 Tage nachreifen lassen. Gut verschlossen ist Kimchi im Kühlschrank ein paar Monate haltbar.

Tipp

Je wärmer es ist, desto schneller läuft die Fermentation ab. Im Laufe des Umwandlungspro-zesses entstehen verschiedene Aromen. Zwischendurch das Kimchi probieren und wenn der gewünschte Geschmack erreicht ist, gut verschlossen in den Kühlschrank stellen.

SAUERKRAUT

. . . .

«Sauerkraut ist ein richtiger Besen für Magen und Darm, nimmt die schlechten Säfte und Gase fort, stärkt die Nerven und fördert die Blutbildung.» (Sebastian Kneipp) Sauerkraut ist sehr einfach zu fermentieren und lässt sich in der Küche vielseitig verwenden. Ob es direkt aus dem Glas genascht oder mit anderem Gemüse, Äpfel und mit etwas Olivenöl mariniert wird- mit seinem knackigen Biss und den säuerlichen Aromen überzeugt es immer.

Zutaten für 1 Liter Glas

1000 g weisser oder roter Kohl, geraffelt
25 g Himalaya Kristallsalz (2,5 %)
1,5 g Kümmel, ganz

1 - 2 g schwarze Pfefferkörner
(Lorbeerblätter, optional)

Zubereitung

Die äusseren Blätter des Kohls entfernen. Kohl in dünne Scheiben schneiden oder raspeln. Geraspelter Kohl mit Salz bestreuen und 10 Minuten ziehen lassen. Anschliessend den Kohl mit Salz gut durchkneten, bis der Kohl weich wird und Saft austritt. Ein Gärgefäss oder Einmachglas mit Kohl füllen, dabei immer eine Kohlschicht ins Gefäss legen und festdrücken, damit der Kohl mit der eigenen Flüssigkeit bedeckt wird. Zwischen den Schichten ganze Kümmel und schwarzen Pfeffer beigeben. Gärgefäss oder Keramiktopf schliessen. Während der Fermentation entsteht Kohlendioxid. Übermässiger Druck ist zu vermeiden, unbedingt das Gas entweichen lassen. Bei kompakten Systemen einfach den Deckel kurz öffnen und wieder schliessen. Wenn das Kohlendioxid selbst entweichen kann, braucht das Gefäss nicht geöffnet zu werden. Sauerkraut 4 - 6 Tage bei Zimmertemperatur fermentieren lassen, dann in den Kühlschrank stellen. Im Kühlschrank wird der Fermentationsprozess gebremst, jedoch nicht gestoppt. Haltbarkeit: je nach Menge und Lagertemperatur 1 - 6 Monate.

Tipp

Fermentiertes im Behälter beschweren. Milchsäurebakterien mögen keinen Sauerstoff, daher muss das Gemüse vollständig mit Flüssigkeit bedeckt sein.

CHILI-SAUCE
Fermentiert

· · · · · · · · · · · · · · · ·

Die Fermentierung gibt der Chili-Sauce einen pikanten und edlen Geschmack. Peperoncini wird mit Karotten eingelegt, um die Schärfe mit süssem Geschmack auszugleichen. Die fermentierte Chili-Sauce hält lange im Kühlschrank und kann vielseitig verwendet werden.

Zutaten für ein 0.5 Liter Drahtbügelglas

140 g Karotten, geschält und ganz dünn geschnitten

2 ca. 30 g Peperonicini, dünn geschnitten

1/2 Zwiebel, in Scheiben geschnitten

8 g Dill

1/4 - 1/2 TL Koriandersamen

1 Zitronenscheibe

Salzlake (2,5 %)

200 ml Wasser

5 g Himalaya Kristallsalz

Zubereitung

Karotten mit der Mandoline in sehr dünne Scheiben schneiden. Karotten mit scharfer Peperoncini, Zwiebeln, Dill und Gewürze, in ein Drahtbügelglas geben. Dill und Gewürze am besten zwischen Karotten- und Peperonicinischeiben legen. Zum Schluss eine Zitronenscheibe auf das Gemüse legen. Das Glas mit Salzlake aufgiessen bis das Gemüse gut bedeckt ist. Gärgefäss schliessen und bei Zimmertemperatur ca. 4 - 6 Tage fermentieren lassen. Während der Fermentation kann der Gummiring entfernt werden und die Gasbildung wird automatisch reguliert. Nach 4 - 6 Tagen den Geschmack prüfen. Es sollte pikant und sauer schmecken. Den Gummiring wieder aufsetzen und das Glas in den Kühlschrank stellen. Ca. 2 Wochen das Gemüse reifen lassen. Anschliessend Zitronenscheibe und Dill entfernen. Der Rest des Gemüses kann mit wenig Salzlake zusammengemixt werden, bis die gewünschte Konsistenz entsteht. Die fermentierte, pikante Karottenscheiben können auch ohne Mixen zu vielen Gerichten gegeben werden. Haltbarkeit: Im Kühlschrank bis 6 Monate.

Tipp

Eine kleine Menge Chili-Sauce lässt sich mit etwas veganer Mayonnaise, Ingwer, Zucker und Tamari Sauce, in einen feinen Dip verwandeln. Die Zutaten einfach im kleinen Mixer mixen.

TEMPEH
aus Kichererbsen

Es macht so viel Spass ein eigenes Tempeh herzustellen. Ich liebe den erstaunlichen Geschmack und die Textur. Verschiedene Bohnen, Nüsse und Samen lassen sich ganz einfach in ein Tempeh verwandeln. Am liebsten mag ich es mit Kichererbsen. Die gekochten Kichererbsen werden mit einem Schimmelpilz versetzt. Anschliessend werden die Kichererbsen fermentiert. Dabei umschlingen die Pilzzellen die Bohnen und lassen die Masse fest werden. Tempeh ist sehr nährstoffreich und eignet sich hervorragend als Fleisch-Ersatz.

Zutaten für Tempeh

400 g Kichererbsen
8 g Tempeh-Starter

4 EL Apfelessig

Zubereitung

Kichererbsen über Nacht einweichen. Anschliessend das Wasser abschütten und die Kichererbsen gut abspülen. Kichererbsen ca. 40 - 50 Minuten kochen. Sie müssen bissfest bleiben und nicht zu weich werden. Kichererbsen nach dem Kochen abseihen, abtropfen und abkühlen lassen bis sie sich trocken anfühlen. Den Essig hinzufügen und gut mischen. Tempeh-Starter hinzufügen und gut mischen.
Frischhaltebeutel mit Zip-Verschluss (17 x 22cm) nehmen und kleine Löcher im Abstand von 1 cm mit einer Nadel rein machen. Diese ermöglichen die Luftzirkulation. Kichererbsen in die vorperforierten Beutel füllen. Die Beutel werden ca. zu einem Drittel oder der Hälfte gefüllt. Anschliessend den Beutel schliessen und dicht aufgerollt zu Laiben formen. Je mehr die Beute gefüllt sind, desto grösser wird die Tempehscheibe.
Die Plastikbeutel in den Dörrautomat stellen. Bei 31 Grad während 12 Stunden fermentieren lassen. Dann den Tempeh aus dem Dörrautomat nehmen und an einem warmen Ort in der Küche weitere 24 Stunden fermentieren lassen. Nach 24 Stunden beginnt das weisse Myzel die Oberfläche der Bohnen zu bedecken. Nach 24 Stunden die Beutel in den Kühlschrank stellen. Der Tempeh ist dann fertig gereift, wenn er komplett von der weissen Pilzkultur umschlossen ist und diese ihn fest zusammenhält. Je nach Jahreszeit dauert es ca. 3 bis 5 Tage, bis der Tempeh fertig ist. Frischer Tempeh hält sich im Kühlschrank während 5 - 7 Tage, im Tiefkühlfach ca. 6 Monate. Ich empfehle den frischen Tempeh anzuschneiden und die Scheiben gut verpackt tiefzukühlen. Diese können gut portioniert werden. Vor dem Braten die Tempehscheiben ca. 5 - 10 Minuten auftauen lassen.

MUSKATKÜRBIS
Fermentiert

· · · · · · · · · · · · · · ·

Muskatkürbis eignet sich zum Fermentieren hervorragend. Er hat ein intensives Aroma und ein knackiges Fruchtfleisch. Durch die Fermentation und die Kombination mit Gewürzen wie Nelken, Kardamom und Zimt entsteht eine feine Delikatesse. Passt sehr gut zu Reis, Curry Gerichten und Tofu. In diesem Rezept wird neben Salzlake zusätzlich weisser Balsamico Essig verwendet. Dieser gibt den Extra-Kick an Aroma.

Zutaten für 0.5 l Drahtbügelglas

250 - 350 g Muskatkürbis geschnitten
200 ml Wasser
50 ml Maracuja Balsamico Essig
8 g Himalaya Kristallsalz
5 g Kokosblütenzucker

5 Nelken
2 grüne Kardamom-Kapseln
3 Pfefferkorn schwarz
1 kleine Zimtstange

Zubereitung

Muskatkürbis schälen und in feine Scheiben schneiden. Ein Stück Schale aufbewahren, sie wird zum Schluss mit in das Einmachglas gegeben und dient als Starter. In das Einmachglas zuerst die Gewürze geben. Dann so viel Muskatkürbisscheiben ins Glas legen, dass genug Platz für die Flüssigkeit bleibt. 200 ml Wasser mit 50 ml Balsamico Essig mischen, Salz und Zucker beigeben und auflösen lassen. Die Salzlake in das Glas füllen, bis das Gemüse gut bedeckt ist. Das Glas mit Bügelverschluss ohne Einmachgummi schliessen, damit das Kohlendioxid entweichen kann. Ca. 4 Tage fermentieren lassen und im Kühlschrank aufbewahren. Fermentierter Muskatkürbis ist im Kühlschrank 4 - 6 Monate haltbar.

Salate

Marokkanischer
KRAUTSALAT

· · · · · · · · · · · · · · · ·

Auch ein Krautsalat lässt sich raffiniert zubereiten. Fein geschnittenes Kraut, Karotten, Sellerie und Apfelstreifen, werden mit frischen und fein geschnittenen Kräutern wie Koriander, Pfefferminze und Petersilie gemischt. Das Sesam-Dressing mit Sesammus, Mandel-Joghurt, Olivenöl, Zitronensaft, Kreuzkümmel und Sumac, verzaubert den Salat in eine Köstlichkeit.

Zutaten für 2 – 4 Portionen

Salat

70 g weisser Kohl, fein geschnitten

50 g Rotkraut, fein geschnitten

30 g Sellerie, geraffelt

1 Karotte, geraffelt

1 Apfel, geraffelt

1 - 2 TL Petersilie, fein gehackt

1 TL Koriander, fein gehackt

1 TL Minze, fein gehackt

Balsamico-Kugel zum Dekorieren (optional)

150 g Eisbergsalat, grob geschnitten (optional)

Sesamdressing

40 g Sesammus natur

50 ml Wasser

100 g Mandel-Joghurt

3 - 4 TL Zitronensaft

2 EL Olivenöl

1 TL Sumac (orientalisches Gewürz)

1/2 - 1 TL Reissirup

1/2 TL Himalaya Kristallsalz

wenig Knoblauchpulver und Pfeffer

etwas Kreuzkümmel-Pulver

Zubereitung

Salat: Gemüse, Apfel und Kräuter in eine Schüssel geben. Mit dem Dressing übergiessen und gut vermengen. Salat auf dem Teller anrichten. Balsamico-Kugel reiben und den Salat mit geriebenem Balsamico und Pfefferminze dekorieren.

Sesamdressing: Sesammus mit Wasser glattrühren. Mandel-Joghurt, Zitronensaft, Olivenöl, Gewürze und Reissirup beigeben und gut mischen.

Tipp

Mit Eisbergsalat schmeckt der Krautsalat noch herzhafter.

JUNGER GRÜNSALAT

mit Himbeeren, Wassermelone und Cashew-Ricotta

· · · · · · · · · · · · · · · ·

Der perfekte Frischekick im Sommer. Erfrischend für einen kleinen Snack auf Balkon oder Terrasse. Himbeer-Balsam-Essig mit Aprikosenkernöl schmeckt hervorragend mit dem Grünsalat. Der fruchtige Geschmack wird mit frischen Wassermelonen und Himbeeren betont. Aenis-Minze veredelt den Geschmack und sorgt mit Cashew-Ricotta für einen kulinarischen Genuss.

Zutaten für 4 Portionen

Salat

100 g junger Grünsalat Mix
320 g Wassermelone, gewürfelt
200 g Himbeeren

100 g Cashew-Ricotta
4 Rettich, fein gewürfelt
Aenis-Minze zum Dekorieren

Dressing

4 -5 TL Himbeer Balsamico-Essig
2 TL Reissirup
4 EL Aprikosenkernöl oder Mandelöl
2 EL Rapsöl

1 - 2 Prisen Himalaya Kristallsalz,
Zitronenpfeffer
2 TL Himbeeren püriert

Zubereitung

Salat: Salat und Wassermelone auf vier Teller verteilen. 100 g Himbeeren mit Cashew-Ricotta und Aenis-Minze auf den Salat geben. 100 g Himbeeren im kleinen Mixer zerkleinern und das Fruchtpüree durch ein möglichst feinmaschiges Sieb streichen. Dressing und Rettichwürfel auf den Salat geben. Den Teller mit Himbeerpüree verzieren.

Dressing: Himbeer-Balsamico-Essig mit Reissirup und Öl verrühren. Mit Salz und Pfeffer würzen und mit Himbeerpüree abrunden.

WINTERRETTICH
mit Birnen, Kresse und eingelegter Zitrone

· · · · · · · · · · · · · · · ·

Winterrettich schmeckt intensiv und lecker. Er wirkt bei Erkältungen wohltuend und regt die Verdauung an. Winterrettich lässt sich mit Birnen, Zitronenöl und eingelegter Zitrone in einen köstlichen Salat verwandeln.

Zutaten für 1 - 2 Portionen

1 grosser runder Winterrettich
1 grosse Birne
1 - 2 EL Zitronen-Olivenöl
1/2 TL Himalaya Kristallsalz

1 - 2 TL Zitronensaft
In Salz eingelegte Zitrone zum Dekorieren
Kresse zum Dekorieren

Zubereitung

Winterrettich abwaschen. Die Schale muss nicht entfernt werden. Winterrettich und Birnen in ganz feine Scheiben hobeln. Winterrettich mit Zitronen-Olivenöl und Salz gut vermengen. Birnen mit Zitronensaft beträufeln. Den Teller mit Winterrettich und Birnenscheiben anrichten. Den Salat mit fein gewürfelter, eingelegter Zitrone und Kresse dekorieren.

GRÜNER BOHNENSALAT
mit Kirschtomaten

· · · · · · · · · · · · · · ·

Einer meiner Lieblingssalate! Grüner Bohnensalat mit reifen und süsslichen Kirschtomaten, Zwiebeln, Petersilie und Zitronen-Olivenöl, bringt einen Hauch mediterranes Lebensgefühl auf den Teller. Passt sehr gut zu Pasta oder Kartoffeln.

Zutaten für 3 - 4 Portionen

500 g grüne Bohnen
1 EL Olivenöl
1 EL Zitronen-Olivenöl
2 TL Weissweinessig
3 - 4 EL Petersilie, fein gehackt

30 g Rote Zwiebeln, fein gehackt
1/4 TL Himalaya Kristallsalz
wenig Zitronenpfeffer
220 g Kirschtomaten, gewürfelt

Zubereitung

Die Bohnen waschen, putzen und klein schneiden. In kochendem Salzwasser ca. 15 - 20 Min. bissfest kochen. Die heissen Bohnen abgiessen, mit kaltem Wasser abschrecken und gut abtropfen lassen. Grüne Bohnen mit Olivenöl, Zitronen-Olivenöl, Weissweinessig, Petersilie, Zwiebeln, Salz und Pfeffer mischen. Kirschtomaten beigeben und alles 30 Minuten ziehen lassen.

GRIECHISCHER SALAT

mit Cashew-Käse

. . . .

Dieser Salatklassiker ist ein kulinarisches Highlight im Sommer. Fein gehacktes Gemüse, Kräuter und Avocado, lassen sich in eine Ringform füllen. Kürbiskernöl, Balsamico, fermentierter Cashew-Käse und marinierte Tomaten geben dem Salat den vollmundigen Geschmack.

SALATE

Zutaten für 2 Portionen

8 - 10 schwarze Oliven, entkernt und fein gewürfelt
1 reife Avocado, gewürfelt
1/3 gelbe Peperoni, klein gewürfelt
6 Snack-Minisalatgurken, klein gewürfelt
1 Baby Lattich, klein geschnitten
1 - 2 EL Schnittlauch, fein geschnitten
Je 1 TL frische Oregano- und Basilikumblätter, fein geschnitten
etwas Himalaya Kristallsalz

wenig Zitronenpfeffer
1 - 2 EL Olivenöl
1 EL Olivenöl mit Zitrone
1 TL Zitronensaft
1 - 2 Zitronenscheibe zum Dekorieren
10 - 12 Kirschtomaten, fein gewürfelt
1 TL Olivenöl mit Basilikum
wenig Kürbiskernöl zum Dekorieren
wenig Balsamico Reduktion
100 g Cashewkäse natur (S. 78)

Zubereitung

Die klein gewürfelten schwarzen Oliven, die geschnittene Avocado und Peperoni, die gewürfelten Salatgurken und den klein geschnittenen Salat mit den fein geschnittenen Kräutern in eine Schüssel geben. Etwas Salz und Zitronenpfeffer beimischen und mit Olivenöl, Zitronen-Olivenöl und Zitronensaft beträufeln. Gut umrühren. Auf dem Teller einen Dessertring mit der Salatmischung füllen und ein wenig zusammendrücken. Den Dessertring vorsichtig entfernen und den Salat mit einer Zitronenscheibe dekorieren. Gewürfelte Tomaten mit Basilikum-Olivenöl kurz marinieren. Den Teller mit Kürbiskernöl verzieren und mit fein geschnittenen marinierten Tomaten, Balsamico und Cashewkäse, dekorieren.

Tipp

Für die Balsamico Reduktion wenig Balsamessig in einer kleinen Pfanne bei mittlerer Hitze kochen bis sie kräftig schmeckt und eine Sirup artige, sämige Konsistenz hat.

PAPAYA-
SAUERKRAUT
Salat

. . . .

Sauerkraut mit Karotten, Apfel und Olivenöl gemischt, gefüllt in Papaya, ist ein geschmacklicher Hochgenuss. Orangen-Baumnuss-Miso Dressing und Balsamico Reduktion sorgen für intensive Aromen. Die Papaya zählt zu den enzymreichsten Pflanzen. Sie pflegt Magen und Darm, schmeckt köstlich und ist ein hocheffektiver Lieferant von Vitamin C. Papaya und Sauerkraut tragen zu einer guten Darmflora bei.

Zutaten für 2 Portionen

Salat

135 g Karotten, grob geraffelt
200 g Sauerkraut
2 EL Olivenöl
1 Apfel, grob geraffelt

1 Papaya, entkernt
etwas Sprossen zum Dekorieren
wenig Balsamico Reduktion (S. 104)
1 - 2 EL geröstete und gehackte Baumnüsse

Orangen-Baumnuss-Miso Dressing

1 EL Baumnussmus
2 TL weisse Miso Paste

1 TL Tamari Sauce
25 ml Orangensaft, frisch gepresst

Zubereitung

. . . .

Salat: Karotten putzen und grob raffeln. Mit Sauerkraut vermengen und mit Olivenöl 10 - 20 Minuten marinieren. Den Apfel in dünne Scheiben schneiden oder grob raffeln und unter den Salat mischen. Die Papaya halbieren, die Kernen auslöffeln und das Fruchtfleisch vorsichtig von der Schale trennen. Anschliessend die Papaya mit dem Sauerkraut-Salat befüllen und mit Sprossen dekorieren. Den Teller mit Balsamico und Baumnuss-Miso Sauce verzieren. Klein geschnittene, geröstete Baumnüsse auf dem Teller verteilen. Diesen mit dem Papaya- Sauerkraut-Salat anrichten.

Orangen-Baumnuss-Miso Dressing: Baumnussmus mit Miso Paste vermengen und mit Tamari abschmecken. Die Sauce mit Orangensaft verdünnen, um eine optimale Konsistenz zu erreichen.

THAI SALAT
mit Glasnudeln

· · · · · · · · · · · · · · ·

Eine Geschmacksexplosion ist garantiert. Die Kombination von Limetten, Zitronengras, Kaffir Limetten und Tamari macht den Thai Salat sehr erfrischend. Karotten, Tomaten und Datteln werden mit der Gewürzpaste fein püriert, Mandelmus und Kokosnussmus geben dem Dressing eine super cremige Konsistenz und einen exotischen Geschmack. Die Gewürz-Mandelsplitter lassen sich als knuspriger Snack oder als Topping im Backofen vorbereiten.
Ein köstlicher Salat für jede Mahlzeit, einfach und schnell zubereitet.

Zutaten für 2 Portionen

Thai Creme Dressing

etwa 8 g Zitronengras, fein geschnitten
60 g Karotten, geschält und grob geschnitten
20 g Zwiebeln, gewürfelt
2 Kaffir-Limettenblätter, ohne Strunk
15 g rote Peperoni, grob gewürfelt
1 Kirschtomate
2 EL Olivenöl

1 EL Tamari Sauce
1 EL Limetten oder Zitronensaft
1 Medjool-Dattel, entkernt
1/8 TL Himalaya Kristallsalz
2 TL Mandelmus weiss
1 TL Kokosnussmus
wenig Chiliflocken

Zitronen-Chili Mandeln

50 g Mandeln, gehobelt
2 TL Zitronensaft
1 TL Olivenöl
1 TL Tamari Sauce

Prise Himalaya Kristallsalz
etwas Kokosblütenzucker
und Cayenne-Pulver

Salat

50 g Glasnudeln
4 Salatblätter
2 Karotten
1/2 Gurke
4 Kirschtomaten

30 g Rotkraut, fein gehobelt
1 Handvoll Mungbohnen-Sprossen
etwas Koriander, Sauerklee und Zitronenscheiben für die Dekoration

Zubereitung

Thai Creme Dressing: Das Zitronengras längs aufschneiden und die äusseren, vertrockneten Blätter entfernen. Zitronengrasstängel in dünne Ringe schneiden. Alle Zutaten bis auf Mandelmus und Kokosnussmus im Mixer fein pürieren. Die Creme muss glatt werden. Dressing mit Mandelmus und Kokosnussmus verfeinern. Wenig Chiliflocken dazugeben und mixen. Das Dressing kann im Kühlschrank 1 - 2 Tage lang aufbewahrt werden.

Zitronen-Chili Mandeln: Mandeln mit Zitronensaft, Olivenöl und Tamari Sauce mischen, Gewürze beigeben und auf ein mit Backpapier belegtes Blech legen. Backofen auf 150 Grad einstellen. Mandeln bei Umluft und Unterhitze etwa 12 - 15 Minuten backen und anschliessend abkühlen lassen.

Salat: Glasnudeln mit kochendem Wasser übergiessen und ein paar Minuten ziehen lassen. Glasnudeln abgiessen, mit kaltem Wasser abspülen und in einem Sieb abtropfen lassen. Salatblätter in Streifen schneiden. Karotten schälen. Karotten und Gurke in dünne Streifen raspeln. Diese in eine Schüssel mit Wasser und Eis legen, damit das Gemüse richtig knackig bleibt (nur so lange im Eiswasser lassen, bis der Salat zusammengestellt ist). Kirschtomaten würfeln. Glasnudeln, abgetropfte Karotten und Gurken, fein gehobeltes Rotkraut, Salatstreifen und Mungbohnen-Sprossen in eine Schüssel geben und mit dem Thai Dressing vermengen. Den Salat sofort servieren, mit gewürfelten Tomaten, Korianderblättern, Zitronenscheiben, Sauerklee und knusprigen Mandeln anrichten.

FEDERKOHLSALAT
mit Creme-Dressing und Cashew-Parmesan Crisps

. . . .

Federkohlsalat ist super knackig und unheimlich gesund. Federkohl liefert wertvolle Vitamine und schmeckt köstlich mit dem frischen, cremigen Dressing. Die Federkohlblätter werden zuerst gezupft. Dann werden Zitronensaft, Olivenöl und Salz einmassiert. Durch das Einmassieren des Dressings in den Federkohl wird die Zellwand des Federkohls durchbrochen, so dass die Blätter leicht welken und alle Aromen optimal aufgenommen werden. Frische Tomaten, Thymian, Avocado und Parmesan-Crisps veredeln den Salat.

Zutaten für 1 - 2 Portionen

Marinierte Federkohlblätter

4 - 5 grosse Federkohlblätter
3 EL Zitronensaft
2 EL Olivenöl

5 g frischer Thymian, fein geschnitten
2 - 3 Prisen Himalaya Kristallsalz

Creme-Dressing

1 EL Cashewmus
3 EL Wasser
1 TL Zitronensaft
1 - 2 TL Edelhefeflocken

wenig Knoblauchpulver oder Salatgewürz je nach Geschmack
1 Prise Zitronenpfeffer
1 Prise Himalaya Kristallsalz

Salat

1/3 Gurke, in feine Streifen geschnitten
5 - 10 Pfefferminzblätter, je nach Geschmack
7 g Petersilie, fein geschnitten
1 EL grüne Rosinen
4 - 6 schwarze Oliven, entsteint und fein geschnitten

1 - 2 EL Hanf geschält
2 - 3 Frühlingszwiebeln-Stängel, fein geschnitten
1/2 - 1 Avocado reif, in Würfel geschnitten
8 Kirschtomaten, in Viertel geschnitten

Zubereitung

Marinierte Federkohlblätter: Frisch gepresster Zitronensaft, Olivenöl, Thymian und Salz in den vom Strunk getrennten und grob geschnittenen Federkohl einmassieren. 5 - 10 Minuten einwirken lassen.

Creme Dressing: Das Cashewmus mit Wasser, Zitronensaft, Edelhefeflocken und den Kräutern in einer kleinen Schlüssel verrühren. Danach zum marinierten Federkohl geben.

Salat: Die marinierten Federkohlblätter mit Gurkenstreifen, frisch gehackter Pfefferminze, Petersilie, Rosinen, Oliven, geschälten Hanfsamen und Frühlingszwiebeln mischen. Nun die Avocado-Stücke dazu geben und wenig einmassieren. Zum Schluss wird die Cremesauce unter den Federkohlsalat gerührt. Salat auf dem Teller mit Kirschtomaten und Cashew-Parmesan Crisps (S. 62) anrichten.

BATAVIA SALAT
mit Mandel-Joghurt Dressing, Spargel und Austernpilzen

. . . .

Im Frühling freue ich mich immer auf diesen knackigen Salatteller. Dieser Salat bringt eine willkommene Abwechslung auf meinen Speiseplan und verbreitet mit frischen Kräutern und dem Zitronen-Olivenöl den Duft des Frühlings. Im Winter lässt sich der Spargel durch Schwarzwurzeln ersetzen.

Zutaten für 2 Portionen

Mandel-Joghurt Dressing

3 EL Mandel-Joghurt
1,5 TL Senf
3 TL Kokosblüten Vinaigrette

3 EL Rapsöl
wenig Himalaya Kristallsalz, Zitronenpfeffer
etwas Kokosblütenzucker zum Abschmecken

Salat

250 g weisse Spargel Spitzen
200 g Austernpilze
2 - 3 EL Olivenöl
wenig Himalaya Kristallsalz, Zitronenpfeffer
1 TL Zitronen-Olivenöl
2 - 3 EL Sauerteigbrot Croutons

1/2 Kopf Bataviasalat
3 Rettich, fein gewürfelt
1 - 2 EL frische Estragon Blätter oder 1 TL getrockneter Estragon
etwas Bachkresse

Zubereitung

Mandel-Joghurt Dressing: Mandel-Joghurt in einer kleinen Schüssel mit Senf, Kokosblüten Vinaigrette und Rapsöl glattrühren. Mit wenig Salz, Zitronenpfeffer und Kokos-blüten-Zucker abschmecken.

Salat: Die Spargelspitzen müssen nicht geschält werden nur waschen. Austernpilze in Streifen schneiden. Die Spargelspitzen in 2 EL Olivenöl während 5 Minuten anbraten, dann die Austernpilze dazu geben und weitere 5 Minuten braten. Mit Salz und Pfeffer abschmecken. Deckel zu. Ausgeschaltet noch ein paar Minuten gar ziehen lassen. Kurz abkühlen lassen. Vor dem Servieren mit Zitronen-Olivenöl beträufeln. Eine Scheibe Sauerteigbrot in Würfel schneiden. Brotwürfel in wenig Olivenöl mit 1 zerdrückter Knoblauchzehe anbraten bis sie knusprig werden. Bataviasalat in Streifen schneiden. Salat mit frischen Estragonblättern und mit dem Dressing vermengen. Salat auf zwei Teller verteilen, mit Rettich-Würfel bestreuen. Grillierte Spargelspitzen, Austernpilze, Croutons und Bachkresse auf dem Teller anrichten.

Suppen

LAKSA SUPPE

· · · · · · · · · · · · · ·

Exotisch und cremig. Diese Suppe ist eine echte Bereicherung der exotischen Küche. Laksa Suppe bietet die komplette Bandbreite an Aromen. Die Basis der Laksa Suppe ist eine cremige Würzpaste. Die Würzpaste wird mit Öl und etwas Kokosmilch angebraten, worin sich die Aromen entfalten können. Mit Kokosmilch und Wasser wird sie abgelöscht und verdünnt. Die Suppe wird mit angebratenem Tofu, Pilzen, gedämpftem Broccoli, Bohnen, Süsskartoffeln und Reisnudeln serviert. Aenis-Minze, Korianderblätter, Sesamsamen und Limette werden als Topping verwendet.

Zutaten für 2 Portionen

Würzpaste

15 g Cashewkerne
1 rote Chili
3 Stängel Zitronengras, ca. 15 g geschnitten
Eine kleine Scheibe, ca. 15 g rote Peperoni
1 Knoblauchzehe
20 g Süsskartoffel, geschält und grob geschnitten
2 TL, ca. 5 g Galangal, geschält und fein geschnitten

2 TL, ca. 7 g Ingwer, fein geschnitten
4 EL Wasser
1 - 2 EL Reissirup
2 TL Koriandersamen
1 TL Kurkuma, gemahlen
1/2 TL Himalaya Kristallsalz

Laksa Suppe

1 EL Olivenöl
Vorbereitete Würzpaste
250 ml Kokosmilch
400 ml Gemüsebrühe

1 - 2 Kaffir-Limettenblätter
1 EL Limettensaft
1 TL Tamari Sauce

Suppeneinlage

50 g grüne Bohnen, geschnitten
60 g Broccoliröschen
100 g Tofu
1 EL Tapiokastärke
3 braune Champignons
3 Shiitake Pilze

2 EL Olivenöl
wenig Himalaya Kristallsalz
50 - 100 g Reisnudeln oder Glasnudeln

Sesamsamen, frische Koriander, Limette, Aenis-Minze zum Dekorieren

Zubereitung

Würzpaste: Die Cashewkerne in einer kleinen Schale mit heissem Wasser etwa 15 Minuten lang einweichen. Die Chilischote der Länge nach halbieren und entkernen. Vom Zitronengras das äusserste Blatt abschälen und den Rest der Stängel in feine Ringe schneiden. Rote Peperoni klein würfeln. Knoblauch schälen. Süsskartoffeln, Galangal und Ingwer vorbereiten. Cashewkerne abtropfen und mit den restlichen Zutaten zu einer feinen Paste pürieren.

Laksa Suppe: In einem Topf bei mittlerer Hitze 1 EL Olivenöl erhitzen und die ganze Laksa Würzpaste zugeben. Die Paste unter Rühren 2 - 3 Minuten anbraten, mit 100 ml Kokosmilch ablöschen und weitere 5 Minuten braten. Mit der restlichen Kokosmilch und Gemüsebrühe ablöschen. Kaffir- Limettenblätter zugeben und die Suppe kurz aufkochen lassen. Hitze reduzieren und weitere 10 - 15 Minuten köcheln lassen. Mit Limettensaft und Tamari abschmecken. Die Suppe wird nun auf zwei Schalen aufgeteilt. Mit Reisnudeln, Pilzen, gegartem Broccoli und Bohnen anrichten. Jede Schale mit frische Korianderblätter oder Anisminze, Limettenspalten und Sesamsamen garnieren.

Suppeneinlage: Die grünen Bohnen mit etwas Salz etwa 15 Minuten lang kochen. Dann die Broccoliröschen beigeben und weitere 2 - 3 Minuten garen. Das Kochwasser abgiessen. Um die Farbe des Brokkolis und der Bohnen richtig schön dunkelgrün zu halten ist es wichtig, diese sofort mit kaltem Wasser abzuschrecken. Das Gemüse abtropfen lassen. Den Tofu in Würfel schneiden und mit Tapiokastärke vermengen. Die Pilze in Scheiben schneiden und mit dem Tofu, dem Olivenöl und etwas Salz anbraten. Die Reisnudeln nach Packungsanweisung zubereiten.

FRANKFURTER SUPPE

mit geräuchertem Tofu und Kartoffelbällchen

....

Eine schnelle, herzhafte Suppe, die wärmend wirkt und sättigt, ohne den Magen zu belasten. Mit geräuchertem Tofu, angebratenen Pilzen, Soya Cuisine, Kartoffelbällchen, Fenchelsprossen und Kapuzinerblättern wird dieser Klassiker ein Hit.

Zutaten für 1 – 1,5 Liter Gemüsebrühe

Gemüsebrühe

1 - 2 EL Olivenöl	1 Zwiebel mit Schale
300 g Karotten	3 braune Champignons oder Shiitake Pilze
140 g Wirsing	5 Lorbeerblätter
110 g Petersilienwurzel	1 - 2 cm Ingwer geschnitten
100 g Sellerieknolle	1 Bund Petersilie
100 g Süsskartoffeln	1/2 TL Kümmelsamen
3 Stangensellerie mit grünem Blatt	1/2 TL Pfefferkörner
2 Knoblauchzehen	2 TL Himalaya Kristallsalz

Kartoffelbällchen (ergibt 13 Stück)

150 g Kartoffeln, geschält	30 g 4-Korn Mehl (Werz), glutenfrei
25 g geräucherte Tofu, fein gewürfelt	2 g, ca. 1 KL Johannisbrotkernmehl
25 g braune Champignons, fein gewürfelt	wenig Himalaya Kristallsalz und Pfeffer
1 EL Olivenöl	

Frankfurter Suppe für 2 Portionen

180 g Kartoffeln, geschält und gewürfelt	2 TL Zitronensaft
125 g Wirsing, grob geschnitten	Pfeffer aus der Mühle
1/2 TL Kümmelsamen	
800 ml Gemüsebrühe	Extras nach Belieben
1 Knoblauchzehe, geschält	2 - 3 angebratene Kräuterseitlinge in
1 - 1.5 TL Majoran	Scheiben geschnitten, Fenchelsprossen,
60 g Räuchertofu, gewürfelt	Kapuzinerblätter
100 Reissahne oder Soya Cuisine	

Zubereitung

....

Gemüsebrühe: Das Gemüse grob schneiden. Olivenöl in einem grossen Topf erhitzen und das ganze Gemüse bei kleiner Hitze 3 - 5 Minuten dünsten. Das Gemüse mit 3 Liter Wasser aufgiessen und zum Kochen bringen. Die Hitze reduzieren und während ungefähr 2 Stunden die Gemüsebrühe auf 1 - 1.5 L reduzieren. Durch ein feines Sieb in einen zweiten Topf abgiessen. Die Gemüsebrühe lässt sich 3 Tage im Kühlschrank aufbewahren. Die Brühe kann auch portionsweise eingefroren werden.

Kartoffelbällchen (ergibt 13 Stück): Die Kartoffeln würfeln und im Salzwasser weichkochen. Kartoffeln abtropfen. Den geräucherten Tofu und die braunen Champignons mit 1 EL Olivenöl kurz anbraten. Kartoffeln, glutenfreie Mehlmischung, Johannisbrotkernmehl, den angebratenen Tofu und die Pilze, Salz und Pfeffer mit dem Kartoffelstampfer ganz fein zerkleinern. Von der Masse etwa 13 Bällchen formen und diese im kochendem Wasser 1 - 2 Minute kochen. Absieben und warm stellen.

Frankfurter Suppe: Kartoffeln mit Wirsing und Kümmelsamen im Olivenöl kurz andünsten, dann mit Gemüsebrühe aufgiessen. Mit den Knoblauchzehen und dem Majoran etwa 20 Minuten kochen. Den Tofu beigeben und die Suppe weitere 10 Minuten auf mittlerer Stufe leicht köcheln lassen. Mit Zitronensaft, Soya Cuisine und Pfeffer abschmecken. Die Suppe mit den Kartoffelbällchen, den gebratenen Pilzen und den Sprossen servieren.

Tipp

....

Wenn keine selbst gekochte Gemüsebrühe vorhanden ist, dann zwei Würfel Gemüsebrühe in 800 ml kochendem Wasser auflösen.

FRÜHLINGSSUPPE
mit Estragon

· · · · · · · · · · · · · · ·

Die bunte Gemüsevielfalt, gewürzt mit Estragon, Petersilie und Zitronenschale gibt dieser leichten Suppe den letzten Kick und lässt keine Wünsche offen. Die Suppe wird mit etwas Reissahne verfeinert.

Zutaten für 4 Portionen

3 Karotten, geschält

200 g Kartoffeln, geschält

120 g grüne Bohnen, klein geschnitten

2 EL Olivenöl

1/3 TL Paprika Pulver

1000 ml Gemüsebrühe

2 - 4 braune Champignons, halbiert

4 - 5 Estragonzweige oder 1 - 2 TL getrockneter Estragon

1 Knoblauchzehe, geschält

100 g Erbsen, gefroren

80 g Broccoli Röschen

1 kleine Handvoll Kefen

1 Tomate, grob gewürfelt

1 Zitronenscheibe

wenig Himalaya Kristallsalz

50 – 100 ml Reissahne oder Soya Cuisine

2 EL fein geschnittene Petersilie

wenig Zitronenpfeffer

Zubereitung

Karotten und Kartoffeln fein würfeln. Die grünen Bohnen klein schneiden. Das Gemüse mit Olivenöl 2 - 5 Minuten andünsten und das Paprika Pulver untermischen. Mit der Gemüsebrühe aufgiessen. Pilze, Estragonzweige und Knoblauchzehe dazugeben und die Suppe aufkochen. Hitze reduzieren und etwa 30 Minuten köcheln lassen. Anschliessend Erbsen, Broccoli Röschen, Kefen, Tomaten, Zitronenscheibe und Salz beigeben und etwa 10 Minuten weiter köcheln lassen. Mit Reissahne oder Soya Cuisine abschmecken und mit Petersilie und Zitronenpfeffer servieren.

Tipp

Wenn keine selbst gekochte Gemüsebrühe vorhanden ist, dann zwei Würfel Gemüsebrühe in 1000 ml kochendem Wasser auflösen.

PILZCREME-
Suppe

· · · · · · · · · · · · · · ·

Diese cremige feine Pilzsuppe ist ein Vergnügen und braucht wenig Zeit. Verschiedene Pilze zaubern einen ganz charakteristischen Geschmack der Suppe. Karotte und Sellerie eignen sich, um den Geschmack der Pilze zu betonen. Die Kartoffeln verleihen der Suppe eine schöne Cremigkeit.

Zutaten für 3 Portionen

3 - 4 Morcheln, getrocknet

160 g braune Champignons

120 g Kräuterseitlinge

70 g Shiitake Pilze

40 g Zwiebeln, fein geschnitten

90 g Karotten, fein gerieben

60 g Sellerieknolle, fein gerieben

60 g Kartoffeln, geschält und gewürfelt

2 EL Olivenöl

600 ml Wasser

1 TL Himalaya Kristallsalz

wenig Pfeffer

Extras nach Belieben

Kapuzinerkresse, Rucola-Sprossen, Barista-Hafermilch und Zitronenthymian

Zubereitung

Morcheln in warmem Wasser einweichen. Frische Pilze in Scheiben schneiden. Die frischen Pilze, die Zwiebeln, die geriebenen Karotten und den Sellerie mit den Kartoffeln im Olivenöl kurz andünsten. Mit 600 ml Wasser aufkochen, Morcheln und Salz beigeben und 30 Minuten zugedeckt köcheln lassen. Die Suppe cremig pürieren und mit Pfeffer abschmecken. Die Suppe in 3 kleine Gläser giessen und mit Kapuzinerkresse und Rucola-Sprossen dekorieren.

Tipp

Für den Schaum wenig Barista-Hafermilch mit Zitronenthymian zusammen mixen. Barista-Hafermilch lässt sich gut aufschäumen und schmeckt hervorragend mit der Pilzcremesuppe.

GRÜNE ERBSENSUPPE
mit Lauch und Cashew-Parmesan

. . . .

Diese milde, cremige Suppe mit der Kombination von grünen Erbsen, Lauch und Petersilienwurzel eignet sich hervorragend als leichtes, warmes Abendessen. Eine schöne Dekoration mit Cashew-Parmesan Crisp, gerösteten Pistazien, Salzgurken, frischen grünen Erbsen, Stangensellerie und Erbsensprossen auf einem grünen Erbsenpesto verwöhnt Augen und Gaumen.

Zutaten für 2 Portionen

50 g Petersilienwurzel, geschält
50 g Lauch, weisser Teil
50 g Lauch, dunkelgrüner Teil
250 g grüne Erbsen gefroren
1 EL Olivenöl
450 ml Wasser oder Gemüsebrühe
wenig Pfeffer, Himalaya Kristallsalz und
Muskatnuss

1 Handvoll Petersilie

Extras nach Belieben
Cashew-Parmesan Crips (S. 62), Erbsensprossen, frische grüne Erbsen, Salzgurke, Stangensellerie, geröstete Pistazien, Reissahne

Zubereitung

Petersilienwurzel klein schneiden. Lauch in dünne Scheiben schneiden. Die grünen Erbsen, den geschnittenen Lauch und die Petersilienwurzel im Olivenöl andünsten. Mit 450 ml Wasser aufgiessen und zum Kochen bringen. Hitze reduzieren und 20 Minuten lang köcheln lassen. Das Gemüse ohne Flüssigkeit und mit etwas Salz, Pfeffer, Muskatnuss und frischer Petersilie in den Mixer geben und cremig pürieren. Von der Masse 2 EL rausnehmen und beiseite stellen, wird für das Pesto benötigt. Den Rest mit der Flüssigkeit zusammen mixen. Die Cremesuppe in zwei Tellern mit breitem Rand servieren. Den Rand mit dem Pesto, frischen grünen Erbsen, klein geschnittenen Selleriestücke, Salzgurken, Cashew-Parmesan Crisp und gerösteten Pistazien und Erbsen- oder Rucolasprossen anrichten. Die Suppe mit Reissahne verzieren.

SPARGELCREME-SUPPE

mit Zitrone und Petersilie

· · · · · · · · · · · · · · · ·

Das edle Gemüse ist ein Highlight jedes Frühlings. Diese frühlingshafte Spargelcremesuppe ist ganz leicht, samtig cremig und sehr erfrischend im Geschmack. Die Petersiliencreme betont das Aroma des Spargels.

Zutaten für 3 Portionen

Spargelcremesuppe

1 kg weisse Spargeln (650 g geschält)
1 EL Olivenöl
500 ml Gemüsebrühe (S. 121)
1 Bund Petersilie
75 ml Soya Cuisine

1 TL Tapioka Stärke
1 Zitronenscheibe
wenig weisser Pfeffer und Himalaya Kristallsalz
1 - 2 TL Zitronensaft

Petersiliencreme

2.5 EL fein gehackte Petersilie
50 ml Wasser
1 TL Zitronensaft

2 EL Olivenöl
1 Messerspitze Xanthan
wenig Himalaya Kristallsalz

Zubereitung

Spargelcremesuppe: Den weissen Spargel von Kopf bis Fuss schälen, die Enden wegschneiden, waschen und in 1 - 2 cm lange Stücke schneiden. Spargel in 1 EL Olivenöl kurz andünsten und mit 500 ml Gemüsebrühe aufgiessen. Wenn Gemüsebrühe fehlt, einfach 500 ml Wasser und einen Gewürzwürfel verwenden. Petersilie ungeschnitten beigeben. Etwa 20 Minuten lang leicht köcheln lassen. Soya Cuisine mit Tapioka Stärke glattrühren und der Suppe unterrühren. Zitronenscheibe beigeben. Gekochte Petersilie aus dem Topf nehmen. Ein bis zwei Kellen Spargeln und 1 Kelle Brühe aus dem Topf nehmen und zusammen pürieren. Die gemixte Spargelcreme unter die restliche Suppe rühren. Die Suppe mit etwas Pfeffer, Salz und Zitronensaft abschmecken. Suppe in 3 Teller verteilen und mit Petersiliencreme dekorieren. Mit frischer Petersilie oder Mikrokräutern servieren.

Petersiliencreme: Im kleinen Mixbecher Petersilie mit Wasser, Zitronensaft, Olivenöl, Xanthan und Salz mixen. Petersiliencreme kann in Dressiersack gefüllt werden.

SALZGURKEN GAZPACHO
mit Avocado und Mandelcreme

. . . .

Eine belebende Suppe, die sehr erfrischend wirkt. Fermentierte Salzgurken geben der Suppe den besonderen Kick. Avocado und Mandelcreme verfeinern den Geschmack und die Textur der Suppe.

Zutaten für 2 Portionen

140 g frische Schlangengurke
100 g Flüssigkeit der eingelegten Salzgurken
70 g Avocado, geschält
15 g Mandelmus weiss
8 g Zwiebel, grob geschnitten

10 - 12 Basilikumblätter
1 ganze, eingelegte Salzgurke oder 6 - 8 Salzgurken, klein geschnitten (S. 81)
etwas Himalaya Kristallsalz und Zitronenpfeffer

Zubereitung

Alle Zutaten in ein Standmixer geben und fein pürieren. Mit etwas Salz und Zitronenpfeffer abschmecken. Die Suppe mit veganem Joghurt, Basilikumblätter oder Sauerampfer-Mikrokräuter dekorieren.

PFIRSICHSUPPE
mit Zitronengras und Ingwer

. . . .

Im Sommer bietet diese Pfirsichsuppe eine köstliche Erfrischung. Intensive Aromen, frische Früchte und besondere Cremigkeit machen diese Suppe aus.

Zutaten für 1 - 2 Portionen

2 Stangen Zitronengras, ca. 10 g geschnitten
2 grosse, reife Pfirsiche oder Nektarinen
100 ml Wasser
2 TL Zitronensaft
1 TL Cashewmus
2 - 3 kleine, dünne Ingwerscheiben oder
nach Geschmack

1 EL Reissirup
1 - 2 Prisen Himalaya Kristallsalz
2 - 3 Prisen Vanillepulver
Eine Tasse frische Früchte, gewürfelt
(Pfirsich, Banane, Brombeeren)
Pfefferminze, Gänseblümchen
zum Dekorieren

Zubereitung

Zitronengras vorbereiten. Das untere Ende des Zitronengras dünn abschneiden und die harten Aussenschalen entfernen. Die Stangen quer in feine Scheiben schneiden. Alle Zutaten im Standmixer mixen. Die Suppe entweder im Kühlschrank abkühlen lassen oder direkt geniessen. Mit frischen Früchten servieren. Mit etwas Kokosblütenzucker, Pfefferminze und Gänseblümchen dekorieren.

MISOSUPPE
mit glasiertem Tempeh

· · · · · · · · · · · · · · · ·

Diese Misosuppe mit reicher Einlage von Pilzen, grünen Erbsen, Lauch, Reisnudeln und glasiertem Tempeh, bietet köstliche Aromen und wirkt sehr wohltuend.

Zutaten für 4 Portionen

Miso Suppe

600 ml Gemüsebrühe
400 ml Wasser
260 g grüne Erbsen
80 g frische Shiitake Pilze, geschnitten
100 g Räuchertofu

1 - 2 EL Arame Algen
4 EL Shiro Miso
150 g Reisnudeln
1 Frühlingszwiebel

Tempeh

3 EL Tamari
9 EL Wasser
1 Knoblauchzehe

1 TL Kokosblütenzucker
1 EL Olivenöl
200g Tempeh, geschnitten (S. 90)

Zubereitung

Miso Suppe: Gemüsebrühe und Wasser mit 260 g Erbsen und 80 g Shiitake Pilzen kurz aufkochen. Hitze reduzieren und die Suppe weitere 10 Minuten köcheln lassen. Tofu würfeln und zusammen mit den Arame Algen beigeben. Weitere 5 Minuten köcheln lassen. Herd ausschalten und die Miso-Paste einrühren. Reisnudeln in einem anderen Topf ins kochende Wasser geben. Reisnudeln brauchen etwa 3 - 4 Minuten, bis sie weich sind. Mit einem Sieb das Wasser abgiessen und die Reisnudeln sofort mit kaltem Wasser abspülen. Kurz abtropfen und direkt verwenden. Frühlingszwiebeln in sehr feine Ringe schneiden. Die Suppe in vier Schalen füllen. Reisnudeln und Tempeh in jede Schale verteilen. Mit Frühlingszwiebeln garnieren.

Tempeh: Tamari, Wasser, Knoblauch und Kokosblütenzucker im kleinen Mixbecher fein pürieren. In einer Bratpfanne das Öl erhitzen, Tempeh Scheiben kurz anbraten und die Sauce dazu giessen. Tempeh von beiden Seiten bei mittlerer Hitze 2 - 3 Minuten braten.

MARRONI SUPPE
mit Rotkohl, Amaranth und Haselnüssen

. . . .

Ein cremiges Geschmackerlebnis durch nahrhafte Edelkastanien. Den besonderen Pfiff bekommt die Suppe durch eine Gemüsebrühe mit Pastinake, Topinambur, Petersilienwurzel und einer feinen Rotkrautcreme. Amaranth Sprossen und geröstete Haselnüsse runden den Geschmack der Marroni Suppe ab.

Zutaten für 2 Portionen

Gemüsebrühe aus Wurzelgemüse

120 g Topinambur, geschält und geschnitten
70 g Pastinake, geschält und geschnitten
70 g Petersilienwurzel, geschält und geschnitten

20 g Zwiebeln, geschält
550 ml Wasser

Rotkohl Püree

210 g Rotkohl, fein geschnitten
1 Apfel
2 EL Olivenöl
30 - 40 g Zwiebel
50 ml Wasser
4 Lorbeerblätter

1 TL Kümmel, gemahlen
1/2 TL Himalaya Kristallsalz
3/4 TL Kokosblütenzucker
1 TL Weissweinessig
wenig Zitronenpfeffer
1 g Guarkernmehl

Marroni Suppe

400 ml Gemüsebrühe
135 g Marroni vorgekocht, Vakuum verpackt
wenig Himalaya Kristallsalz

Extras nach Belieben
Amaranth Sprossen, gehackte und geröstete Haselnüsse

Zubereitung

Gemüsebrühe aus Wurzelgemüse: Das Gemüse schälen und klein-schneiden. Das Gemüse mit der Zwiebel und 550 ml Wasser in einem Topf zum Kochen bringen. Hitze reduzieren und etwa 20 - 30 Minuten köcheln lassen. Die Brühe auf 400 ml reduzieren. Anschliessend durch ein Sieb abseihen.

Rotkohl Püree: Rotkohl, Apfel und Zwiebel fein hobeln oder schneiden. Mit 2 EL Olivenöl kurz andünsten. Wasser, Lorbeerblätter, Kümmel, Salz und Zucker zugeben und zugedeckt etwa 10 - 20 Minuten dünsten. Weissweinessig dazugeben und mit Zitronenpfeffer abschmecken. Weiter andünsten ohne Deckel, bis die Flüssigkeit verdampft ist. Rotkraut in den Standmixer geben und fein pürieren. Optional 1 g Guarkernmehl oder Johannisbrot-kernmehl dazu geben und fein pürieren, bis die gewünschte Konsistenz erreicht ist.

Marroni Suppe: Die vorgekochte Gemüsebrühe mit Marroni im Standmixer mixen. Mit Salz abschmecken. Die Suppe in zwei Teller giessen, mit Rotkraut Creme, Amaranth Sprossen, gerösteten und gehackten Haselnüssen servieren.

Hauptgerichte

SWEET & SOUR-GEMÜSE
mit Tempeh und Reis

· · · · · · · · · · · · · · · ·

Das perfekte Sweet & Sour - Rezept lässt sich einfach und schnell zubereiten und bringt uns auf eine kulinarische Reise. Diese hausgemachte Sauce ist sehr geschmacksintensiv, dabei enthält sie nur natürliche Zutaten.

Zutaten für 2 Portionen

Sweet & Sour-Sauce

50 ml Wasser

2 Medjool-Datteln

3 EL Tamari Sauce

3 EL Kokosblüten-Vinaigrette

1 EL Tomatenmark

1 Knoblauchzehe

1 EL fein gehackter frischer Ingwer

150 ml Apfelsaft

2 TL Maisstärke

Angebratenes Gemüse und Tempeh

70 g Karotten

70 g Broccoliröschen

70 g Blumenkohl

70 g Zucchini

70 g braune Champignons

70 g rote Peperoni

100 g Tempeh oder Tofu, gewürfelt

2 - 3 EL Oliven-Bratöl

Pfeffer aus der Mühle

1/2 - 1 Tasse frische Ananasstücke

1 Handvoll Sojabohnen-Sprossen

wenig Korianderblätter und Sesamsamen zum Dekorieren

Basmatireis

180 g Basmatireis, weiss

350 ml Wasser

etwas Himalaya Kristallsalz

Zubereitung

Sweet & Sour-Sauce: Alle Zutaten ausser Maisstärke im Standmixer fein mixen. Anschliessend 2 TL Maisstärke zugeben und kurz mixen.

Angebratenes Gemüse und Tempeh: Karotten schälen und in ca. 4 - 5 mm breite Ringe schneiden. Broccoli und Blumenkohl in Scheiben schneiden. Zucchini in 1 - 1,5 cm grosse Würfel schneiden. Braune Champignons, Peperoni, Tofu oder Tempeh in grosse Würfel schneiden. Das Öl erhitzen und die Karottenscheiben, geschnittenen Blumenkohl und Broccoli hineingeben und 4 Minuten braten. Zucchini, Pilze und Peperoni beifügen und weitere 3 - 4 Minuten mitbraten. Hitze reduzieren. Sweet & Sour-Sauce und Tofu beigeben und alles zugedeckt 5 Minuten weich garen. Mit Pfeffer abschmecken. Reis in zwei Teller geben und mit Sweet & Sour-Gemüse anrichten. Mit frischer Ananas, Sojabohnen-Sprossen, Korianderblätter, Sesamsamen, servieren.

Basmatireis: Reis abwaschen und in einen Kochtopf geben. Wasser dazugeben. Nach Belieben salzen. Herd auf die höchste Hitzestufe stellen und Reis aufkochen lassen. Sobald das Wasser kocht, den Herd auf die mittlere Hitzestufe stellen und den Reis ca. 5 - 8 Minuten bei geschlossenem Deckel köcheln lassen bis das Wasser grob aufgesogen wurde. Herd abschalten und Reis im Kochtopf 10 Minuten stehen lassen.

LASAGNE
aus grünen Linsen

· · · · · · · · · · · · · · ·

Mama mia, wie köstlich schmeckt diese vegane Lasagne aus grünen Linsen. Dieser geschichtete italienische Traum schmeckt hocharomatisch, cremig und einfach fein. Die grünen Linsen-Lasagneblätter sind reich an Eiweiss und Ballaststoffen. Aromatische Tomatensauce, grilliertes Gemüse und gehackte Soja runden dieses Gericht ab.

Zutaten für 4 Portionen

Angebratenes Gemüse

4 EL Oliven-Bratöl
3 Karotten, ca. 170 g, klein gewürfelt
1 Aubergine, ca. 270 g, geschält und klein gewürfelt
1 Zucchini, ca. 200 g, klein gewürfelt

170 g braune Champignons, klein gewürfelt
1/2 TL Himalaya Kristallsalz
1/2 TL Oregano, getrocknet
Pfeffer aus der Mühle

Tomatensauce

1/2 Zwiebel, fein gehackt
2 EL Oliven-Bratöl
90 g Soja-Gehacktes
1 Dose (400 g) gehackte Tomaten
100 – 200 ml Tomatenpassata

3 Knoblauchzehen, fein gehackt
1/2 TL Oregano, getrocknet
1/2 TL Himalaya Kristallsalz
Pfeffer aus der Mühle
1 kleine Handvoll Basilikum, fein gehackt

Béchamelsauce

80 g vegane Butter oder Margarine
40 g Ruchmehl oder glutenfreies Mehl
150 ml Reissahne oder Soya Cuisine

150 ml Reismilch
wenig Himalaya Kristallsalz, Pfeffer, Oregano, Muskatnuss

Zubereitung

Angebratenes Gemüse: In einer Bratpfanne das Öl erhitzen und die gewürfelten Karotten und Auberginen 5 Minuten anbraten. Zucchini und Pilze beigeben, mit Gewürzen abschmecken und ca. 10 Minuten alles weiter braten. Herd abschalten.

Tomatensauce: Die Zwiebeln in Olivenöl in einer Pfanne dünsten, Soja-Gehacktes dazugeben und kurz mitdünsten. Gehackte Tomaten aus der Dose und Tomatenpassata dazugeben. Basilikum und Knoblauchzehen hacken und unter die Sauce rühren. Mit Oregano, Salz, Pfeffer und frischem Basilikum kräftig abschmecken. Die Sauce zwischendurch rühren und 15 - 20 Minuten auf dem Herd zugedeckt köcheln lassen. Dann beiseitestellen.

Béchamelsauce: In einem kleinen Topf vegane Butter oder Margarine schmelzen und Mehl hineingeben. Mit einem Rührbesen kurz rühren, bis sich alles zu einer sämigen Paste verbunden hat. Reissahne hineingiessen und weiterrühren. Reismilch dazu giessen und weiterrühren, bis die gewünschte Konsistenz erreicht wird. Mit Gewürzen abschmecken. Béchamel wird schnell dickflüssig. Hitze wegnehmen und beiseitestellen.

Zusammenstellen für eine Auflaufform von 29 x 22 cm:

Für 4 Schichten je 3 grüne Linsen-Lasagneblätter verwenden. Backofen auf 200 Grad mit Umluft vorheizen und Auflaufform bereitstellen. 3 - 4 EL Béchamelsauce und 1 - 2 EL Tomatensauce am Boden verteilen und mit 3 Lasagneblätter auslegen. Darauf 3 EL Béchamelsauce und eine Schicht Tomatensauce verteilen. Dann das Gemüse darauf legen. Mit einer Lage Lasagneblätter abdecken. Wieder Béchamelsauce und eine Schicht Tomatensauce. Dann das Gemüse darauf legen. Mit einer Lage Lasagneblätter abdecken. Diesen Vorgang wiederholen. Zum Schluss die letzte Schicht mit Béchamelsauce, Tomatensauce und Gemüse abschliessen. Die Auflaufform für 40 - 50 Minuten in den Ofen schieben. Die ersten 30 Minuten abdecken. Vor dem Servieren 5 - 10 Minuten warten, bis die Lasagne schnittfest ist.

LINSENTOPF
mit Knoblauchbrot

· · · · · · · · · · · · · ·

Ein tolles und schnelles Abendessen. Linsen versorgen den Körper mit einem besonders hochwertigen Eiweiss, Ballaststoffen und wichtigen Nährstoffen wie Eisen, Kalium, Magnesium und Kalzium. Für die cremige Konsistenz wird Kokosmilch und Soja Cuisine verwendet. Lorbeerblätter, Muskatnuss, Knoblauch, Zitrone und Senf sorgen für den aromatischen Geschmack. Mit Knoblauchbrot schmeckt der Linsentopf einfach köstlich.

Zutaten für 3 - 4 Portionen

Linseneintopf

250 g kleinere grüne oder braune Linsen
750 ml Gemüsebrühe
1 kleine Zwiebel, fein gehackt
5 Lorbeerblätter
2 - 3 Knoblauchzehen
4 TL Maisstärke

125 ml Soja Cuisine
100 ml dickflüssige Kokosmilch
3 - 4 TL Senf
2 TL Zitronensaft
etwas Salz, Muskatnuss, Pfeffer

Knoblauchbrot

1 - 2 Knoblauchzehen
4 EL Olivenöl

4 Scheiben Sauerteigbrot

Zubereitung

Linseneintopf: Kleinere Linsen müssen nicht eingeweicht werden, ihre Garzeit beträgt etwa 30 Minuten. Linsen vor dem Kochen abwaschen. Gemüsebrühe aufkochen und die Linsen, Zwiebeln und Lorbeerblätter dazugeben. Hitze reduzieren. Mit Deckel die Linsen ca. 25 - 30 Minuten köcheln lassen. Dann die Knoblauchzehen fein reiben und in den Linsentopf geben. Danach 4 TL Maisstärke in wenig Soja Cuisine auflösen und mit der restlichen Soja Cuisine und Kokosmilch in den Linsentop geben. Gut umrühren. Mit Senf, Zitronensaft, etwas Salz, Muskatnuss und Pfeffer abschmecken und kurz fertigkochen.

Knoblauchbrot: Backofen auf 220 Grad vorheizen. Den Knoblauch schälen und durch eine Knoblauchpresse drücken. Anschliessend mit dem Öl mischen und ca. 30 Minuten ziehen lassen. Die Brotscheiben mit dem Knoblauchöl bestreichen und im Backofen ca. 3 - 5 Minuten überbacken.

PILZRAGOUT
mit Kartoffeln und Linsen

. . . .

Einfach schön und raffiniert: Edelpilze gebraten, Pilzsud, Kartoffelstock mit Muskatnuss, Beluga Linsen, Avocado mit Zitronen-Olivenöl und Wildkräuter. Erfreuen Augen und Gaumen und bringen eine fröhliche Geschmackskombination auf den Teller.

Zutaten für 2 Portionen

Kartoffelstock
350 g blaue St. Galler Kartoffeln
50 - 70 ml Soja Cuisine oder Reissahne

etwas Muskatnuss, Himalaya Kristallsalz

Beluga-Linsen
100 g Beluga-Linsen
300 ml Wasser

etwas Himalaya Kristallsalz

Pilzsud
150 - 200 g braune Champignons
50 g Shiitake Pilze
Eine Selleriestange mit Blätter

400 ml Wasser
2 EL Tamari Sauce
0,5 g Xanthan

Gebratene Pilze
125 g Eierschwämmli
60 g Austernpilze
50 g Shiitake Pilze
60 g braune Champignons

2 EL Oliven-Bratöl
1/4 TL Himalaya Kristallsalz
Pfeffer aus der Mühle

Gedämpfter Spinat
1 EL Oliven-Bratöl
1 Knoblauchzehe, fein gehackt

200 g frische Spinatblätter
Himalaya Kristallsalz und Pfeffer

1 Avocado, 1 - 2 EL Zitronen-Olivenöl, Wildkräuter (junge Schafgarbenblätter, Sauerklee, Brunnenkresse) zum Dekorieren

Zubereitung

Kartoffelstock: Kartoffeln schälen, abspülen, in grosse Stücke schneiden. Im Salzwasser ca. 20 – 25 Minuten kochen. Das Wasser abgiessen. Kartoffeln mit dem Kartoffelstampfer zerdrücken. Reissahne oder Soja Cuisine dazu geben und zu einem glatten Püree verreiben. Wenn der Kartoffelstock zu fest ist, noch etwas Reissahne dazu geben. Mit Muskatnuss und Salz abschmecken.

Beluga-Linsen: Beluga-Linsen kurz abwaschen, dann mit dem Wasser in den Topf geben und aufkochen. Sobald das Wasser kocht, die Hitze reduzieren und Beluga-Linsen ca. 25 Minuten bei geschlossenem Deckel köcheln lassen. Beluga-Linsen sind servierbereit, wenn sie sich angenehm kauen lassen, aber noch leicht bissfest sind. Mit Salz abschmecken.

Pilzsud: Pilze grob schneiden und mit der Selleriestange in den Topf geben. Mit Wasser aufgiessen und aufkochen. Hitze reduzieren, Tamari Sauce dazugeben und ohne Deckel etwa 30 Minuten köcheln lassen. Flüssigkeit auf 150 ml reduzieren. Durch ein feines Sieb passieren. 50 ml Pilzsud mit 0,5 g Xanthan im Mixbecher mixen und mit einem Schneebesen unter den restlichen Pilzsud geben. Schaum entfernen.

Gebratene Pilze: Eierschwämmli putzen und je nach Grösse halbieren. Austernpilze halbieren. Grosse Shiitake Pilze halbieren. Braune Champignons in Scheiben schneiden. Öl in einer weiten Bratpfanne erhitzen. Eierschwämmli kurz dünsten. Restliche Pilze dazugeben und etwa 10 Minuten mitbraten. Mit Salz und Pfeffer abschmecken.

Gedämpfter Spinat: Olivenöl erhitzen. Knoblauch und Spinat darin andünsten. Den Spinat unter Wenden während 1 - 2 Minuten immer wieder zusammenfallen lassen. Eventuell mit ganz wenig Wasser ablöschen. Mit Salz und Pfeffer abschmecken und zugedeckt 1 – 2 Minuten blanchieren (Tiefkühlspinat braucht längere Garzeit).

Serviervorschlag

Kartoffelstock in einen Spritzbeutel geben und einzelne Püree-Tupfen auf den Teller spritzen. Zwischen Kartoffelstock etwas Linsen geben und darauf die gebratenen Pilze und den Spinat anrichten. Etwas Pilzsud auf den Teller geben. Mit einem Kugelmesser runde Formen aus der Avocado stechen und diese auf den Teller geben. Avocado mit wenig Zitronen-Olivenöl beträufeln. Den Teller mit Wildkräutern dekorieren.

REISPILAF
mit Gemüse und Soja-Gehacktem

· · · · · · · · · · · · · · ·

Der Reispilaf mit Karotten, Erbsen, Broccoli und Soja-Gehacktem ist ein leckeres, einfaches, leichtes und gesundes Gericht. Reispilaf wird mit Kurkuma, Paprika, Knoblauch, Majoran, Pfeffer und Petersilie gewürzt und mit Cashew-Ricotta und Salzgurken verfeinert.

Zutaten für 2 Portionen

Basmatireis

110 g Basmatireis
220 ml Wasser

1/4 TL Himalaya Kristallsalz

Angebratenes Gemüse

2 EL Oliven-Bratöl
1/2 Zwiebel, fein gehackt
180 g Karotten, klein gewürfelt
160 g Erbsen, gefroren
80 g Broccoliröschen, in kleine Stücke zerkleinert
80 g Soja-Gehacktes
1 Knoblauchzehe, fein gehackt
1/2 TL Paprika, gemahlen
1/2 TL Majoran, getrocknet

1/4 TL Kurkuma, gemahlen
3/4 TL Himalaya Kristallsalz
Pfeffer aus der Mühle
50 - 100 ml Wasser
3 EL Petersilie, fein gehackt
1 EL Olivenöl
1 - 2 EL Reissahne oder Soya Cuisine

Sprossen, Mikrokräuter, Salzgurke, Cashew-Ricotta zum Dekorieren

Zubereitung

Basmatireis: Reis abwaschen und in einen Kochtopf geben. Wasser dazugeben. Nach Belieben salzen. Herd auf die höchste Hitzestufe stellen und Reis aufkochen lassen. Sobald das Wasser kocht, den Herd auf die mittlere Hitzestufe stellen und den Reis ca. 5 - 8 Minuten bei geschlossenem Deckel köcheln lassen bis das Wasser grob aufgesogen wurde. Herd abschalten und Reis im Kochtopf während 10 - 15 Minuten stehen lassen.

Angebratenes Gemüse: Das Öl in der Bratpfanne erhitzen, gehackte Zwiebeln und Karotten dazugeben und unter Rühren ca. 3 - 4 Minuten braten. Erbsen, kleine Broccoliröschen, Soja-Gehacktes und Knoblauch dazugeben, mit Paprika, Majoran, Kurkuma, Salz und Pfeffer würzen. Mit etwas Wasser (50 – 100 ml) ablöschen. Hitze etwas reduzieren und das Gemüse unter Rühren weitere 5 - 8 Minuten braten. Bratpfanne vom Herd nehmen. Das gebratene Gemüse mit 300 g gekochtem Reis mischen und mit 3 EL fein gehackter Petersilie, 1 EL Olivenöl und 1 - 2 EL Reissahne abschmecken. Den Reis zwischen zwei verschieden grosse Ringformen füllen, etwas andrücken. Die Formen vorsichtig entfernen. Mit Sprossen, Mikrokräuter und Cashew-Ricotta servieren. Den Teller mit fein gehackten Salzgurken anrichten.

REIS-
PFANNKUCHEN
mit Süsskartoffelcurry und Spinat

. . . .

Der indische Pfannkuchen aus Reismehl und Mandel-Joghurt integriert wunderbar das aromatische Süsskartoffelcurry. Ein perfektes Zusammenspiel mit den Gewürzen, die harmonisch kombiniert sind.

Zutaten für 2 Portionen

Reis-Pfannkuchen (ergibt 4 -5 Pfannkuchen)

200 ml Wasser
125 g veganer Joghurt
120 g Reismehl

1 TL Backpulver
Prise Himalaya Kristallsalz

Süsskartoffelcurry mit Spinat

4 EL Oliven-Bratöl
300 g Süsskartoffeln, geschält und gewürfelt
2 TL Ingwer, fein gerieben
4 Knoblauchzehen, fein gehackt
1 TL Curry, gemahlen
3/4 TL Kurkuma, gemahlen
3/4 TL Kreuzkümmel, gemahlen
1/2 TL Koriander, gemahlen

1/2 TL Zimt, gemahlen
1/4 TL Galgant, gemahlen
3/4 TL Himalaya Kristallsalz
100 ml Wasser
200 - 250 g Jungspinat
300 ml Kokosmilch, dickflüssig
2 TL Zitronensaft, frisch gepresst

Gebratene Pilze und Kirschtomaten

3 EL Oliven-Bratöl
4 - 6 braune Champignons, dünn geschnitten
100 - 150 g Kirschtomaten, halbiert wenig Salz und Pfeffer

Fenchel Sprossen, Aenis-Minze zum Dekorieren

Zubereitung

Reis-Pfannkuchen (ergibt 4 –5 Pfannkuchen): Alle Zutaten im Standmixer mixen. Eine beschichtete Pfanne mit Öl leicht einfetten und so viel Teig hineingeben, dass der Boden bedeckt ist. Pfannkuchen nach ca. 30 - 60 Sekunden mit einem langen Pfannenwender vorsichtig umdrehen. Nach einer weiteren halben Minute bis eine Minute ist der Pfannkuchen fertig.

Süsskartoffelcurry mit Spinat: In einer Bratpfanne das Öl erhitzen und die Süsskartoffeln mit Ingwer, Knoblauch, Gewürze und Salz, 3 Minuten darin anbraten. Dann Hitze etwas reduzieren und mit ca. 100 ml Wasser ablöschen. Die Süsskartoffeln weitere 2 - 3 Minuten unter Rühren garen bis das Wasser verdunstet ist. Mit Kokosmilch ablöschen und ca. 5 Minuten köcheln lassen. Spinat hinzufügen, weitere 3 - 5 Minuten köcheln lassen und umrühren. Hitze abschalten und Süsskartoffelcurry mit Zitronensaft abschmecken. Wenn es zu dickflüssig wird, kann noch etwas Kokosmilch oder wenig Wasser beigefügt werden. Optional mit wenig Kokosblütenzucker abschmecken. Reispfannkuchen mit Süsskartoffelcurry befüllen. Den Teller mit gebratenen Pilzen, Tomaten, Fenchel Sprossen und Aenis-Minze anrichten.

Gebratene Pilze und Kirschtomaten: Olivenöl in der Pfanne erhitzen und die Champignons darin 3 - 5 Minuten braten. Kirschtomaten kurz vor dem Ende beifügen und 1 - 2 Minuten mitbraten. Mit Salz und Pfeffer abschmecken.

ZUCCHINI-CARBONARA
mit grünen Oliven

· · · · · · · · · · · · · · ·

Reisnudeln in einer cremigen, herben Zucchini-Safran-Sauce. Begleitet mit geräucherten Tofuwürfeln, Basilikum und grüner Olivencreme überrascht den Gaumen mit herzhaften Aromen und lässt schnell ein tolles Abendessen entstehen.

Zutaten für 2 Portionen

Zucchini-Carbonara

2 EL Oliven-Bratöl	100 ml Wasser
300 g Zucchini, geschält und klein gewürfelt	100 ml Soja Cuisine oder Reissahne
1 kleine Zwiebel, fein gehackt	1 EL Edelhefeflocken
3/4 TL Himalaya Kristallsalz	4 grosse Basilikumblätter
2 - 3 Knoblauchzehen, fein gehackt	150 g braune Reisnudeln
1/4 TL Kurkuma, gemahlen	100 g Räuchertofu, fein gewürfelt
wenig Zitronenpfeffer	6 - 8 Kirschtomaten
1 KL Färberdistel oder Safranfäden	1 EL Taggiasca Oliven, halbiert

Grüne Olivencreme

60 g grüne Oliven, entsteint	3 EL Olivenöl
40 g Avocado	4 grosse Basilikumblätter

Zubereitung

Zucchini-Carbonara: In der Bratpfanne das Öl erhitzen und Zucchini und Zwiebeln darin ca. 4 Minuten anbraten. Salz, Knoblauch, Kurkuma, Zitronenpfeffer und Färberdistel dazugeben und mit 100 ml Wasser ablöschen. Hitze etwas reduzieren und weitere 5 - 7 Minuten braten bis das Wasser eingekocht ist. Hitze abschalten. 3 EL gebratene Zucchini in der Bratpfanne lassen und restliche Zucchini mit Reissahne, Edelhefeflocken und Basilikumblätter im Standmixer mixen. Zucchinicream zurück in die Bratpfanne giessen.

Braune Reisnudeln ca. 3 Minuten im kochenden Wasser kochen. Anschliessend mit kaltem Wasser abspülen und abtrocknen lassen. Reisnudeln unter die Zucchini-Carbonara-Sauce rühren. In einer zweiten Pfanne Räuchertofu in wenig Öl kurz anbraten. Kirschtomaten halbieren und kurz mitbraten.

Die Reisnudeln auf zwei Teller anrichten, mit gebratenem Räuchertofu, Kirschtomaten und Taggiasca Oliven servieren. Den Teller mit grüner Olivencreme, optional zusätzlich mit Sprossen, dekorieren.

Grüne Olivencreme: Oliven mit Avocado, Olivenöl, Basilikumblätter und wenig Salz in einem kleinen Mixer cremig pürieren. Wenn die Creme zu dickflüssig wird, mit 1 – 2 EL Salzlake der grünen Oliven verdünnen.

TERIYAKI-NUDELN
mit Jackfruit und Mango

. . . .

Eine selbstgemachte Teriyaki-Sauce mit natürlichen Zutaten und intensivem Aroma ist ein Hochgenuss für die Sinne. Mit angebratenem Gemüse, Reisnudeln, Jackfruit und Mango, schmecken die Teriyaki-Nudeln einfach himmlisch. Jackfruit schmeckt im unreifen Zustand neutral und sie lässt sich gut marinieren. Wird sie dann gekocht, ist ihre Textur vergleichbar wie mit Fleisch.

Zutaten für 2 Portionen

Teriyaki-Sauce

4 Stängel Zitronengras

3 EL Sesamöl

30 g Ingwer, fein gehackt

5 Kaffir-Limettenblätter

60 g Tamari Sauce

35 g Mirin

30 g Wasser

4 EL Reissirup

50 ml Orangensaft

1/2 KL Guarkernmehl

Chiliflocken nach Belieben

150 g Jackfruit, vakuumverpackt oder aus der Dose

Gebratenes Gemüse und Nudeln

210 g Pak-Choi

100 g Broccoliröschen, klein geschnitten

1 - 2 EL Oliven-Bratöl

1 TL Ingwer, fein gerieben

1 Knoblauchzehe, fein gehackt

50 g Sojabohnen-Sprossen

150 - 200 g Reisnudeln, gekocht (S. 161)

Avocado-Koriander-Creme

50 g Avocado

5 g frischer Koriander

1 EL Zitronensaft

1 - 2 EL Wasser

wenig Himalaya Kristallsalz

Extras nach Belieben

Gedünstete Krautstielblätter, frische Mango in Scheiben geschnitten, Sesamsamen frische Korianderblätter

Zubereitung

Teriyaki-Sauce: Das Zitronengras schälen, die äusseren vertrockneten Blätter entfernen und den Stängel in feine Ringe schneiden. Das Öl in eine kleine Bratpfanne geben und Zitronengras, Ingwer und Kaffir-Limettenblätter 3 Minuten darin anbraten. Mit Tamari Sauce, Mirin und Wasser ablöschen. Hitze reduzieren. Mit Reissirup abschmecken und 20 Minuten köcheln lassen. Hitze abschalten. Teriyaki-Sauce absieben. Mit Orangensaft, Guarkernmehl, Chiliflocken im kleinen Mixer mixen. Teriyaki-Sauce in eine Schüssel giessen und die Jackfruit beigeben. Ca. 20 Minuten marinieren lassen.

Gebratenes Gemüse und Nudeln: Pak-Choi in 1 cm breite Streifen schneiden. Broccoliröschen anschneiden. Das Öl in eine grosse Bratpfanne geben und darin Ingwer, Knoblauch, Broccoli und Pak-Choi ca. 5 Minuten anbraten. Teriyaki-Sauce mit der Jackfruit dazugeben und 1 - 2 Minuten weiter braten. Hitze abschalten und die gekochten Reisnudeln unter das Gemüse rühren. Sojabohnen-Sprossen beigeben. Teriyaki-Nudeln auf zwei Teller geben. Nudeln können in eine Ringform gefüllt werden und mit gedünsteten Krautstielblätter umhüllt werden. Den Teller mit Avocado-Koriander-Creme und Mangoschnitzel dekorieren.

Avocado-Koriander-Creme: Alle Zutaten im kleinen Mixer cremig mixen

GLASIERTER TEMPEH

mit Hirse, Süsskartoffel, grünen Erbsen und Apfel

· · · · · · · · · · · · · · ·

Die köstliche Kombination aus verschiedenen Texturen und Aromen sorgt für eine geschmackliche Vielschichtigkeit. Das Ergebnis ist sehr beeindruckend. Selbst gemachter Kichererbsen-Tempeh lässt sich gut portionieren und vielseitig verwenden. In diesem Rezept wird der Tempeh mit Knoblauch, Ingwer, Tamari Sauce glasiert. Mit Hirse und Süsskartoffeln wird das Gericht nicht nur sättigend, sondern beinhaltet auch wertvolle Nährstoffe.

Zutaten für 2 Portionen

Gekochte Hirse

300 ml Wasser
1/4 TL Himalaya Kristallsalz
125 g Goldhirse

2 EL Olivenöl
1 TL Nori-Flocken

Apfel-Kürbis-Kompott

110 g Apfel, fein gewürfelt
80 g Butternutkürbis oder Muskatkürbis, fein gewürfelt
200 ml Wasser
2 TL Kokosblütenzucker

3 grüne Kardamom Kapseln
8 Nelken
1 Zimtstange
1 kleine Zitronenscheibe

Grüne Erbsencreme

150 g grüne Erbsen, gefroren
3 EL Wasser
1 EL Olivenöl zum Dünsten
1 kleine Handvoll Koriander und Petersilie, gemischt

1 EL Olivenöl zum Mixen
2 - 3 EL Soya Cuisine
wenig Himalaya Kristallsalz, Pfeffer, Zitronensaft

Gebratene Süsskartoffeln

130 g Süsskartoffeln, klein gewürfelt
1 - 2 EL Oliven-Bratöl
1/4 TL Himalaya Kristallsalz

wenig Kurkuma, Curry, Kardamom,
gemahlen

Glasierter Tempeh

3 EL Tamari Sauce
6 EL Wasser
1 Knoblauchzehe
1 TL Ingwer, fein gerieben

1 TL Kokosblütenzucker
170 g Kichererbsen-Tempeh, selbstgemacht
(S. 90) oder Tempeh vom Bioladen
2 EL Oliven-Bratöl

Zubereitung

Gekochte Hirse: Wasser mit Salz aufkochen, Hirse beigeben. Hitze reduzieren, zugedeckt bei kleiner Hitze ca. 10 Minuten köcheln. Vom Herd nehmen, 2 EL Olivenöl und 1 TL Nori-Flocken beifügen und 5 Minuten quellen lassen.

Apfel-Kürbis-Kompott: Apfel und Kürbis mit dem Wasser in einen kleinen Topf geben, Zucker und Gewürze beifügen und aufkochen. Hitze reduzieren und bei geschlossenem Deckel weitere 5 Minuten köcheln. Eine Minute vor Ende der Garzeit kommt die Zitronenscheibe dazu. Abkühlen lassen. Eine kleine Portion von den Früchten rausnehmen und ohne Flüssigkeit zu Fruchtmus pürieren. Den Rest des Kompotts zum Dekorieren verwenden oder in einem Glas im Kühlschrank aufbewahren.

Grüne Erbsencreme: Grüne Erbsen mit 3 EL Wasser und 1 EL Olivenöl ca. 8 - 10 Minuten andünsten. Für die grüne Erbsencreme 60 g gegarte Erbsen mit 1 kleine Handvoll Koriander und Petersilie, 1 EL Olivenöl, Soya Cuisine, wenig Salz und Pfeffer und ein paar Tropfen Zitronensaft im kleinen Mixer pürieren. Rest der grünen Erbsen unter die gekochte Hirse rühren.

Gebratene Süsskartoffeln: Süsskartoffeln würzen und im Öl ca. 6 - 8 Minuten unter ständigem Rühren anbraten. Eventuell 25 - 50 ml Wasser zugeben und verkochen, damit die Süsskartoffeln weich werden.

Glasierter Tempeh: Tamari, Wasser mit Knoblauch, Ingwer und Kokosblütenzucker im kleinen Mixer pürieren. Angeschnittenen Tempeh im Öl 1 Minute von beiden Seiten anbraten und mit der Marinade ablöschen. Hitze reduzieren und weitere 3 - 5 Minuten braten.

Serviervorschlag

Auf zwei Teller Hirse, glasierte Tempeh und Süsskartoffeln anrichten. Apfel-Kürbismus aufstreichen und mit dem Kompott dekorieren. Erbsencreme zwischen dem Tempeh auftupfen. Mit Erbsensprossen dekorieren.

SÜSSKARTOFFEL-GNOCCHI
an Spinat-Creme und Spargeln

· · · · · · · · · · · · · · · ·

So herrlich leicht, lecker und bunt schmeckt die Frühlingsküche. Der Frühling erweckt so viel Schönheit um uns herum, auch Inspirationen, die sich auf einem Teller schön präsentieren lassen. Im Winter kann anstelle der Spargel in diesem Rezept, Schwarzwurzel genommen werden.

Zutaten für 2 Portionen

Spinat-Creme

1 - 2 EL Olivenöl

250 g junge und frische Spinatblätter

1 - 2 Knoblauchzehen, fein geschnitten

1/2 TL Himalaya Kristallsalz

wenig Pfeffer, Muskatnuss

1 EL Traubenkernöl oder Aprikosenkernöl

100 ml Soja Cuisine oder Reissahne

2 EL gekochter Reis (optional)

Grüne Spargeln

500 g grüne Spargeln

wenig Salz und Pfeffer

Süsskartoffel-Gnocchi

240 g Süsskartoffeln, geschält und gewürfelt

300 ml Wasser

1/4 TL Himalaya Kristallsalz

30 g 4-Korn Mehl (Werz), glutenfrei

1 KL Johannisbrotkernmehl

Vogelmiere und Schnittlauchblüten im Frühling zum Dekorieren nehmen und im Winter getrocknete Blumen oder Sprossen

Zubereitung

Spinat-Creme: Öl in der Pfanne erhitzen. Spinatblätter und den Knoblauch dazugeben und 5 Minuten unter Wenden immer wieder den Spinat zusammenfallen lassen. Mit etwas Salz, Pfeffer und Muskatnuss abschmecken. Gedünstete Spinatblätter mit Traubenkernöl, Soja Cuisine und gekochtem Reis in den Mixer geben und cremig pürieren. Bratpfanne nicht abwaschen, sie wird für die Spargel gebraucht.

Grüne Spargeln: Spargeln im unteren Drittel rundum schälen. Von den Spargeln das hölzerne Ende abschneiden. Spargeln in der gleichen Bratpfanne wie für den Spinat in wenig Öl bei mittlerer Hitze ca. 8 - 10 Minuten braten. (Während dem Braten 2 - 4 EL Wasser in die Pfanne geben, damit der Spargel schneller weich wird.)

Süsskartoffel-Gnocchi: Süsskartoffeln im Salzwasser (300 ml) ca. 10 Minuten weichkochen. Das Wasser abgiessen. Kartoffeln mit dem Kartoffelstampfer zerdrücken. 4-Korn Mehl, Johannisbrotkernmehl und wenig Salz dazu geben und gut durchmischen. Je ca. 16 g vom Teig nehmen und mit den Händen zu Gnocchi formen. Wasser kochen. Gnocchi in den Topf geben. Wenn sie gar sind, treiben sie an die Oberfläche. Gnocchi nach 3 - 4 Minuten aus dem Topf nehmen und abtropfen lassen.

Serviervorschlag

Grüne Spargeln auf dem Teller anrichten. Spinat-Creme auftupfen und die Gnocchi dazu legen. Vogelmiere und Schnittlauchblüten verteilen. Mit Zitronen-Olivenöl die Vogelmiere beträufeln.

SPINAT-BASILIKUMREIS
mit Avocado und gebratenen Kirschtomaten

· · · · · · · · · · · · · · · ·

Ein besonders aromatischer Reis. Frische Basilikumblätter verströmen einen betörenden Duft und werden frisch mit gegarten Spinatblätter gemixt um das feine Aroma zu behalten. Spinat-Basilikum-Creme aromatisiert den Reis und verwandelt ihn schnell in ein cremiges «Risotto». Mit Avocado, Zitronen-Olivenöl und grillierten Tomaten, ist ein zauberhaftes Essen garantiert.

Zutaten für 2 – 3 Portionen

Basmatireis
180 g Basmatireis
350 ml Wasser

1/4 TL Himalaya Kristallsalz

Spinat-Basilikum-Pesto
1 - 2 EL Oliven-Bratöl
200 g Blattspinat, gefroren
Halbe Zwiebel, fein gehackt
2 Knoblauchzehen, fein gehackt
75 ml Wasser

3/4 TL Himalaya Kristallsalz
1/4 TL Muskatnuss, gemahlen
wenig Zitronenpfeffer
100 ml Reissahne oder Soya Cuisine
30 g frische Basilikumblätter

Gebratene Spargeln und Kirschtomaten
200 - 300 g Spargelspitzen
2 - 3 EL Olivenöl
200 g Kirschtomaten, halbiert
etwas Himalaya Kristallsalz und Pfeffer

1 Avocado, etwas Zitronen-Olivenöl, Basilikum-Sprossen und grüne Erbsensprossen zum Dekorieren

Zubereitung

Basmatireis: Reis abwaschen und in einen Kochtopf geben. Wasser dazugeben. Nach Belieben salzen. Herd auf die höchste Hitzestufe stellen und den Reis aufkochen lassen. Sobald das Wasser kocht, den Herd auf die mittlere Hitzestufe stellen und den Reis ca. 5 - 8 Minuten bei geschlossenem Deckel köcheln lassen bis das Wasser grob aufgesogen wurde. Herd abschalten und Reis im Kochtopf während 10 - 15 Minuten stehen lassen.

Spinat-Basilikum-Pesto: Öl in der Pfanne erhitzen. Spinat und Zwiebeln dazugeben und 2 Minuten dünsten. Knoblauch dazugeben und mit Wasser ablöschen. Zugedeckt weitere 8 Minuten dünsten. Mit etwas Salz, Muskatnuss und Pfeffer abschmecken. Die gedünsteten Spinatblätter mit Reissahne und frischen Basilikumblättern in den Mixer geben und nur ein paar Sekunden grob mixen. Das Spinat-Basilikum-Pesto in die Pfanne geben und den Reis unterrühren.

Gebratene Spargeln und Kirschtomaten: Von den unteren Enden der Spargelspitzen wenig abschneiden und im Olivenöl 5 - 10 Minuten unter häufigem Wenden anbraten. Die Kirschtomaten in den letzten 1 - 2 Minuten mitbraten. Mit Salz und Pfeffer abschmecken. Ganze Spargeln brauchen eine längere Garzeit.

Serviervorschlag

Eine Ringform leicht einfetten und auf den Teller legen. Den Reis in die Form füllen und leicht andrücken. Die Ringform entfernen. Eine Avocado halbieren, den Stein entfernen und das Fruchtfleisch mit Zitronensaft beträufeln. Die Avocado mit der Schnittseite nach unten auf eine Arbeitsplatte legen und vorsichtig die Schale abschälen. Die Rückseite ebenfalls mit Zitronensaft beträufeln. Die Avocado mit einem Messer in sehr dünne Scheiben schneiden. Die Avocadoscheiben vorsichtig fächerartig auseinanderziehen und rund um den Reis legen. Mit Zitronen-Olivenöl beträufeln. Den Teller mit den gebratenen Kirschtomaten, Spargeln und Sprossen anrichten.

LINSEN PENNE
mit aromatischem Rucola-Basilikum-Pesto

· · · · · · · · · · · · · · ·

Linsennudeln enthalten viermal mehr Ballaststoffe als herkömmliche Nudeln und weniger Kohlenhydrate. Linsen Penne ist super sättigend, liefert hochwertiges Eiweiss und mit dem aromatischen und cremigen Rucola-Basilikum Pesto, kommt ein schnelles und feines italienisches Geschmackerlebnis auf den Tisch. Das Pesto wird in 5 Minuten zubereitet. Soya Cuisine verleiht dem Pesto eine wunderbare, cremige Konsistenz. Grillierte Zucchini und gedämpfte Fava Bohnen bereichern den Geschmack.

Zutaten für 2 Portionen

Linsen Penne mit Rucola-Basilikum-Pesto

50 g frische Basilikumblätter	1 kleine Knoblauchzehe, fein gehackt
50 g Rucola	3/4 TL Himalaya Kristallsalz
30 g Pinienkerne	wenig Zitronenpfeffer
100 ml Olivenöl	70 ml Soja Cuisine
2 EL Zitronensaft	300 g Linsen Penne

Gebratene Zucchini und gedämpfte Fava Bohnen

300 - 500 g Fava Bohnen	Basilikumblätter, Zitronenscheibe zum
1 Zucchini	Dekorieren

Zubereitung

Linsen Penne mit Rucola-Basilikum-Pesto:
Rucola und Basilikum in eine Küchenmaschine geben und zerkleinern. Dann Pinienkerne, Olivenöl, Zitronensaft, Knoblauch, Salz und Pfeffer dazugeben und mit Soya Cuisine nochmals fein hacken. Das Pesto beiseitestellen. Die Linsen Penne in kochendes, leicht gesalzenes Wasser geben und ca. 8-10 Minuten oder nach Packungsanleitung kochen lassen. Das Pesto mit den gekochten noch warmen Nudeln vermischen. Im Frühling anstelle Rucola und Basilikum, Bärlauch und Federkohl für das Pesto verwenden.

Gebratene Zucchini und gedämpfte Fava Bohnen:
Die Bohnen-Kerne aus den Hülsen nehmen und in kochendem Wasser 3 - 5 Minuten weichkochen (sie sollten noch Biss haben). Abgiessen und mit kaltem Wasser abspülen. Abtropfen. Die Haut von den Bohnen entfernen. Die Zucchini mit dem Sparschäler in dünne Scheiben schneiden und im Olivenöl mit wenig Salz und Pfeffer kurz anbraten. Die Scheiben aufrollen.

Serviervorschlag

Den Teller mit Nudeln anrichten. Dann die gekochten Fava Bohnen und die grillierten Zucchinirollen darauf verteilen. Mit Basilikumblätter und Zitrone dekorieren.

Rohkost
PIZZASCHNITTEN

. . . .

Rohkost-Pizzaschnitten - ein gesunder und raffinierter Fingerfood! Knuspriger Zucchini-Mandel-Boden mit aromatischer Tomatencreme, Olivenpesto, Cashew-Ricotta und marinierte Pilze, machen die Pizza zum gesunden Vergnügen.

Zutaten für 2 Portionen

Pizzateig

160 g Zucchini, geschält
75 ml Wasser
100 g Mandeln (am besten angekeimt)
30 g Sonnenblumenkerne
20 g Mandelmehl

10 g Olivenöl
2 g Flohsamenschalen
1 KL (4 g) Himalaya Kristallsalz
1/2 KL Kümmel, gemahlen
Pfeffer aus der Mühle

Olivenpesto

70 g grüne Oliven entkernt, abgetropft
45 g Avocado
5 - 7 grosse Basilikumblätter

1 - 2 EL Olivenöl
1 TL Mandelmuss weiss

Tomatencreme

140 g Fleischtomaten
3 - 4, ca. 25 g, getrocknete Tomaten
1 - 2 TL Cashewmus

30 ml Olivenöl
10 frische Basilikumblätter
etwas Knoblauchpulver und Zitronenpfeffer

Marinierte Champignons

2 - 4 braune Champignons
1 - 2 TL Olivenöl
1 KL Tamari Sauce

Extras nach Belieben: Rucola Blätter, Avocadokugeln, Cashew-Ricotta, Kirschtomaten, essbare Blüten

Zubereitung

Pizzateig: Zucchini grob schneiden und mit Wasser im Standmixer mixen. Mandeln, Sonnenblumenkerne, Mandelmehl, Salz, Kümmel und Pfeffer, in eine Küchenmaschine geben und zerkleinern. Anschliessend das Olivenöl, die Zucchini-Masse und die Flohsamenschalen in die Küchenmaschine geben und mixen. Die Masse gleichmässig auf die Fläche der Antihaftmatte der Dörrschublade auftragen, dabei ein Rechteck von 20 x 18 cm formen. Mit einem Spachtel die Masse in der Länge halbieren. Bei 42 Grad Celsius etwa 24 - 30 Stunden trocknen. Nach 10 - 12 Stunden den Teig umdrehen und die Antihaftmatte kann entfernt werden. Den fertigen Teig bis zum Gebrauch in Backpapier verpacken und luftdicht aufbewahren. So bleibt er knusprig. Der Teig kann auch im Backofen bei niedriger Temperatur getrocknet werden.

Olivenpesto: Alle Zutaten in einem kleinen Mixer mixen. Wenn die Creme zu dickflüssig wird, mit 1 – 2 EL Salzlake der grünen Oliven oder 1 - 2 EL Wasser verdünnen.

Tomatencreme: Alle Zutaten in einem kleinen Mixer mixen.

Marinierte Champignons: Braune Champignons in ganz kleine Würfel schneiden. Die Champignons mit dem Olivenöl beträufeln und 1 KL Tamari Sauce dazu geben. Gut umrühren und 5 Minuten ziehen lassen.

Serviervorschlag

Pizzaboden in kleine Vierecken schneiden. Pizzaboden zuerst mit Olivenpesto, dann mit Tomatencreme und Cashew-Ricotta belegen. Mit klein gewürfelten Champignons dekorieren. Der Rucola kann zusammen mit der Petersilie fein geschnitten und über die Pizza gestreut werden. Den Teller mit Avocadokugeln, halbierten Kirschtomaten und mit Kresse dekorieren. Den Rest des Olivenpestos auftupfen.

KOKOS-CURRY
Nudeln

· · · · · · · · · · · · · · ·

Unwiderstehlich gut und einfach! Diese Kokos-Curry-Nudeln sind in der Pfanne schnell zubereitet und bringen feine Schärfe, intensive Aromen und frische Farben auf den Teller!

Zutaten für 2 Portionen

Kokos-Curry-Nudeln

125 g Reis Vermicelli
2 EL Kokosöl
2 Knoblauchzehen, fein gehackt
1 EL Ingwer, fein gehackt
2 Karotten, in feine Streifen geschnitten
1 Tasse Brokkoliröschen, klein geschnitten
1/3 Bierrettich, in feine Streifen geschnitten
250 g braune Champignons, geschnitten
100 g geräucherter Tofu, in Würfel geschnitten
250 ml Kokosmilch, dickflüssig

1/2 TL Galgant, gemahlen
1 TL Kurkuma, gemahlen
1/3 TL Himalaya Kristallsalz
Eine kleine Handvoll frischer Thai-Basilikum
1 - 2 Kaffir-Limettenblätter
2 EL Tamari Sauce
Saft von 1/4 Limette oder 1 TL Tamarinden Paste
1 TL Kokosblütenzucker
150 g Sojabohnen-Sprossen
etwas Chiliflocken

Curry-Cashew

200 g Cashewkerne
1 TL Tamari Sauce
1 TL Olivenöl
1 TL Zitronensaft

1 TL Agavennektar oder Reissirup
1 TL Curry, gemahlen
wenig Cayennepfeffer und Himalaya Kristallsalz
wenig Kurkuma, gemahlen

Zubereitung

Kokos-Curry-Nudeln: Reisnudeln mit heissem Wasser übergiessen und ca. 2 - 3 Minuten einweichen. Mit kaltem Wasser abspülen, abtropfen und beiseitestellen. Kokosöl in einer grossen Bratpfanne erhitzen, dann den gehackten Knoblauch und Ingwer dazugeben. 1 Minute braten. Karotten und Brokkoli dazugeben und weitere 3 Minuten unter ständigem Rühren braten. Bierrettich, Pilze und die Tofu-Würfel dazugeben und weitere 2 - 3 Minuten braten. Kokosmilch, Galgantpulver, Kurkumapulver, Salz, Thai-Basilikum und Kaffir-Limettenblatt dazugeben und 3 - 4 Minuten köcheln lassen. Hitze abschalten. Mit Tamari, Limettensaft, Kokosblütenzucker und Chiliflocken abschmecken. Die Sojabohnen-Sprossen und gekochten Reisnudeln in die Pfanne geben und untermischen. Mit thailändischen Basilikum- oder Korianderblättern und etwas Curry-Cashewnüssen garnieren.

Curry-Cashew: Cashewkerne in eine Schüssel geben und mit Tamari Sauce, Olivenöl, Zitronensaft und Agavennektar mischen. Gewürze beigeben und mischen. Anschliessend im Dörrgerät 24 Stunden trocknen oder im Backofen bei niedriger Hitze mit Umluft, während 3 Stunden trocknen.

SAUERKRAUT-ROLLEN

mit Räuchertofu, Pilzen und Kapern-Mayo

. . . .

Sommerlich leicht und frisch schmecken die Sauerkrautrollen. Eine leichte und knackfrische Variante der Frühlingsrolle wird mit Sauerkraut-Karotten-Salat, Räuchertofu und Pilze gefüllt und mit Kapern-Mayo serviert. Super gesund und lecker. Sauerkraut hält den Darm in Schwung und enthält jede Menge Vitamin C und Ballaststoffe. Sauerkraut-Fans, und solche dies es noch werden wollen, werden von diesem Rezept kulinarisch überrascht sein.

Zutaten für 2 Portionen

Sauerkraut-Karotten Füllung

135 g Karotten, fein geschnitten
200 g Sauerkraut

2 EL Olivenöl

Gebratene Pilze

180 g Shiitake Pilze, geschnitten
2 - 3 EL Oliven-Bratöl

1 - 2 TL Tamari Sauce

Gebratener Räuchertofu

100 g Räuchertofu

Kapern-Mayo

150 g Cashewkerne
100 ml Wasser
6 - 8 TL Zitronensaft
1 TL Weissweinessig
50 g Kapern, fein geschnitten

4 - 5 EL Olivenöl
3 - 6 TL Petersilie, gehackt
3 - 6 TL Schnittlauch, fein geschnitten
etwas Salz und weisser Pfeffer

Reispapierrollen

50 - 100 g frischer Blattspinat oder je 1 - 2
Salatblätter pro Reispapier

8 Reispapier (Ø 18 cm)

Zubereitung

Sauerkraut-Karotten Füllung: Karotten schälen und in dünne Streifen hobeln. Mit Sauerkraut vermengen und im Olivenöl 10 - 20 Minuten marinieren.

Gebratene Pilze: Pilze im Öl kurz anbraten und mit Tamari Sauce abschmecken. Gebratene Pilze beiseitestellen und Pfanne für den Räuchertofu verwenden.

Gebratener Räuchertofu: Tofu in dünne Scheiben schneiden und kurz in der Pfanne anbraten.

Kapern-Mayo: Cashewkerne 2 - 4 Stunden im Wasser einweichen. Das Wasser abschütten. Die eingeweichten Cashewkerne mit frischem Wasser, Zitronensaft und Weissweinessig mixen. Die Creme in eine Schüssel abfüllen und mit Kapern, Olivenöl, Petersilie, Schnittlauch, Salz und Pfeffer abschmecken.

Reispapierrollen: Eine tiefe Schüssel mit warmem Wasser bereitstellen. Die einzelnen Reispapier-Blätter 30 Sekunden ins Wasser legen, damit sie weich werden. Das Reispapierblatt auf einem Holzbrett glattlegen. In die Mitte des Reispapiers ein oder zwei Salatblätter oder etwas Spinatblätter legen und darauf Sauerkraut-Karotten-Salat mit wenig Tofu und Pilze verteilen. Die Seiten nach Innen schlagen und dann vorsichtig rollen. Man braucht etwas Übung bis man es raus hat, welche Menge in so ein Reisblatt passt. Die Rollen halbieren und auf einem Teller platzieren. Kapern-Mayo aufstreichen. Mit Kresse oder Sprossen dekorieren.

GRÜNKERN BURGER

mit Süsskartoffeln, Tomaten-Aioli, Koriander-Pesto und Rote-Bete-Relish

. . . .

Das Burger-Feeling wird durch die rauchige Note des Grünkerness und Räuchertofus hervorgehoben sowie durch die ausgewogene Würzigkeit und Zugabe von feinsten Saucen. Die Hamburger Brötchenhälften werden mit Koriander-Pesto und Tomaten-Aioli bestrichen. Der typische Burger Geschmack wird mit Rote-Bete-Relish verstärkt. Salat, Gurken, Tomaten und Zwiebeln sorgen für den knackigen Biss. Dulse, Süsskartoffeln und Pastinaken, werden als knusprige Chips dazu serviert. Ein Burger kann einfach nicht besser schmecken! Selbstgemachte glutenfreie Hamburger Brötchen lassen sich schnell mit einer glutenfreien Mehlmischung herstellen. Grünkern ist ein unreif geernteter Dinkel, welcher einen noch höheren Nährwert hat, als andere Getreidesorten. Grünkern bietet ein leicht nussartiges und rauchiges Aroma und liefert eine wertvolle Menge an Vitaminen der B Gruppe, Mineralstoffe, wie Magnesium und Phosphor.

Zutaten für 4 Portionen

Rote-Bete-Relish

3 kleine rote Bete
1 - 2 EL Olivenöl
1/2 TL Himalaya Kristallsalz

2 TL Balsamessig oder Weissweinessig
Prise Salz, Pfeffer und Kümmel, gemahlen

Tomaten-Aioli

40 g Mandelmus weiss
30 g Traubenkernöl
1 Tomate, ca. 90 g, grob gewürfelt
1 Knoblauchzehe, fein gerieben

2 TL Zitronensaft
2 TL Weissweinessig
Salz und Pfeffer
3/4 TL Johannisbrotkernmehl

Koriander-Pesto

20 g frischer Koriander
8 EL Olivenöl
4 TL Zitronensaft

Salz und Pfeffer
45 g Cashewkerne

Dulse

1 Handvoll Dulse (Rotalge bekannt als Speck aus dem Meer)

etwas flüssiger Rauch
1 - 2 EL Oliven-Bratöl

Grünkern Burger (ergibt 8 Burger)

200 g Grünkern
2 EL Olivenöl
1 Zwiebel, fein gewürfelt
1 Knoblauch, fein gehackt
2 TL edelsüsses Paprikapulver
1 TL Himalaya Kristallsalz
250 ml Wasser

100 g Süsskartoffeln, grob gewürfelt
1 TL Ingwer, gerieben
115 g Räuchertofu
Pfeffer aus der Mühle
Kichererbsenmehl um die Burger darin zu wenden
Oliven-Bratöl zum Braten

Burger Brötchen, glutenfrei

280 g Safi Free Weissbrot Brotmischung
340 g Wasser
40 g Zitronensaft
4 g Himalaya Kristallsalz

Extras nach Belieben: Zwiebeln, Tomatenscheiben, Gurken, Salatblätter, Süsskartoffel- und Pastinaken-Chips

Zubereitung

Rote-Bete-Relish: 3 kleine rote Bete in einen kleinen ofenfesten Kochtopf geben. Olivenöl über die rote Bete geben und mit Salz bestreuen. Etwas Wasser (50 – 100 ml) in den Topf giessen, damit Dampf entsteht. Im vorgeheizten Ofen zugedeckt bei ca. 180 Grad backen, bis sie weich aber noch bissfest sind – das dauert ca. 30 - 40 Minuten. Nach 20 Minuten nachschauen ob noch Wasser im Topf ist und die Knollen nochmals wenden. Die rote Bete abkühlen lassen und die Schale entfernen. Grob raspeln und mit Balsamessig, Salz, Pfeffer und Kümmel abschmecken.

Tomaten-Aioli: Mandelmus mit Traubenkernöl, Tomaten und Knoblauch in einen kleinen Mixer geben. Fein pürieren. Mit Zitronensaft, Weissweinessig, Salz und Pfeffer abschmecken und alles nochmals kurz mixen. Johannisbrotkernmehl dazugeben und mixen. Johannisbrotkernmehl bindet das Aioli.

Koriander-Pesto: Koriander mit Olivenöl, Zitronensaft, Salz und Pfeffer im kleinen Mixer oder Mini-Zerkleinerer mixen. Cashewkerne dazugeben und zerkleinern.

Dulse: Dulse mit etwas flüssigem Rauch besprühen und im Öl kurz anbraten.

Grünkern Burger (ergibt 8 Burger): Grünkerne über Nacht im Wasser einweichen. Das Wasser abschütten und die Grünkerne abspülen und abtropfen lassen. Öl in einer grossen Bratpfanne erhitzen und Zwiebeln darin kurz anbraten. Die Grünkerne dazugeben. Knoblauch, Paprikapulver und Salz dazugeben und mit Wasser ablöschen. Hitze etwas reduzieren und zugedeckt ca. 15 - 20 Minuten dünsten, bis das Wasser ganz verdampft ist. Die Süsskartoffeln im Salzwasser kochen, das Wasser abschütten und alles abtropfen lassen. Die Grünkerne mit Süsskartoffeln, Ingwer, Räuchertofu und Pfeffer, in den Mixer geben und zerkleinern, bis eine dicke Masse entsteht. Die Masse in eine Schüssel geben. Aus der Masse mit den Händen 8 Burger formen. Anschliessend die Burger im Kichererbsenmehl wenden. Öl erhitzen und in wenig Öl beidseitig je ca. 2 – 3 Minuten goldbraun braten.

Burger Brötchen, glutenfrei: Brotmischung mit Wasser, Zitronensaft und Salz zusammenmischen. Es braucht kein kneten. Einfach gut durchrühren und fertig. 5 Minuten den Teig ruhen lassen. 8 Brötchen formen. Brötchen auf ein mit Backpapier belegtes Blech legen und 1 - 2 cm flach drücken. Bei 200 Grad im vorgeheizten Ofen 40 Minuten backen.

Serviervorschlag

Die Brötchenhälften mit Korianderpesto und Tomaten Aioli bestreichen dann mit Rote-Bete-Relish, Salat, Tomaten, Gurke und Zwiebeln den Burger zusammensetzen. Mit gebratener Dulse, Süsskartoffel- und Pastinaken-Chips servieren.

 Das Rezept enthält Gluten.

SOMMERROLLE
mit gebratenem Kürbis, Tempeh und Kürbis-Erdnusssauce

. . . .

Gebratener Kürbis, Tempeh und Shiitake Pilze werden mit Blattspinat, weissem Rettich und Koriander zusammen in Reispapier gerollt. Diese köstliche Version wird mit feiner Kürbis-Erdnusssauce serviert. Gesund und lecker.

Zutaten für 1 - 2 Portionen

Chili Paste für 3 Portionen Kürbis-Erdnusssauce

2 EL Kokosöl

80 g Zwiebeln, fein gehackt

90 g Muscat Kürbis oder Butterkürbis, klein gewürfelt

30 g Knoblauch, fein gehackt

30 g rote Peperoni, gewürfelt

1/4 - 1/2 TL Chiliflocken

4 EL Tamari Sauce

4 TL Limettensaft

Kürbis-Erdnusssauce

45 g Chili Paste

40 g Erdnussmus

30 g Kokosmilch, dickflüssig

2 - 3 TL Limettensaft

2 - 3 TL Reissirup

1/2 TL Tamari Sauce

Reispapier Röllchen für 6 - 8 Rollen (Ø 18 cm)

140 g Kürbis, in Streifen geschnitten

80 g Shiitake Pilze, in Scheiben geschnitten

70 g Tempeh, geräuchert und in Streifen geschnitten

1/2 TL Ingwer, fein gerieben

1/2 TL Knoblauch, fein gerieben

80 g Bierrettich, in feine Streifen geschnitten

50 g frischer Blattspinat

wenig frischer Koriander oder Thai Basilikum

Zubereitung

Chili Paste: Kokosöl in der Pfanne erhitzen und die Zwiebeln mit Kürbis darin ca. 4 Minuten anbraten. Knoblauch und rote Peperoni dazugeben. Mit Chiliflocken abschmecken. Hitze reduzieren und weitere 2 - 3 Minuten braten. Das gebratene Gemüse in einen kleinen Mixer geben, Tamari Sauce sowie Limettensaft beigeben und pürieren. Chili Paste in ein Glas geben. Chili Paste hält sich im Kühlschrank gut geschlossen für ein paar Tage. Mit der Chili Paste kann auch ein gebratener Reis oder eine Suppe gewürzt werden.

Kürbis-Erdnusssauce: In einer kleinen Schüssel die Chili Paste mit Erdnussmus, Kokosmilch, Limettensaft, Reissirup und Tamari Sauce verrühren. Anstelle des Erdnussmuses kann auch Mandelmus und wenig Kokosnussmus verwendet werden.

Reispapier Röllchen: In der Pfanne zuerst den Kürbis mit wenig Öl ca. 4 - 5 Minuten anbraten. Kürbis in eine Schüssel geben. Dann Shiitake Pilze mit wenig Öl während 3 Minuten anbraten und mit 1/2 TL Tamari Sauce ablöschen. Pfanne leeren. Dann in der gleichen Pfanne das Tempeh mit Ingwer und Knoblauch in wenig Öl 3 - 4 Minuten anbraten. Gebratener Kürbis und Tempeh ein wenig abkühlen lassen. Das Reispapier 30 Sekunden in warmem Wasser einweichen und anschliessend auf einer glatten Unterlage (z.B. Holzbrett) ausbreiten. In die Mitte des Reispapiers 2 grössere Spinatblätter legen. Darauf den Kürbis, die Shiitake Pilze, das Tempeh und weisser Rettich mit wenig Korianderblätter verteilen. Die Seiten nach innen schlagen und dann vorsichtig rollen. Die Rollen halbieren und auf dem Teller platzieren. Mit Kürbis-Erdnusssauce servieren.

GRÜNE ERBSEN
mit Polenta-Ricottaknödel und grilliertem Gemüse

. . . .

Frisch, bunt und schnell zubereitet. Ein traditionelles Gericht, leicht aufgepeppt. Es schmeckt köstlich!

Zutaten für 2 – 3 Portionen

Grüne Erbsen

130 g Kartoffeln, geschält und gewürfelt
700 g grüne Erbsen, gefroren
600 ml Gemüsebrühe
1 Zwiebel, geschält und halbiert

140 g Reissahne
10 g Petersilie
1/2 TL Himalaya Kristallsalz
etwas Pfeffer, Muskatnuss

Polenta-Ricottaknödel

300 ml Reismilch
95 g weisse Polenta

110 g Cashew-Ricotta

Gebratenes Gemüse

1 Bund frische Karotten
1 Zucchini

etwas Salz und Pfeffer

Zubereitung

Grüne Erbsen: Kartoffelwürfel im Salzwasser weich kochen. Das Wasser abgiessen. Gekochte Kartoffeln beiseitestellen. Grüne Erbsen mit Gemüsebrühe und Zwiebeln aufkochen. Hitze reduzieren und zugedeckt weitere 5 - 8 Minuten köcheln lassen, bis die Erbsen zart sind. Gemüsebrühe durch ein Sieb in eine Schüssel giessen. 350 g gekochte Erbsen mit 130 g gekochten Kartoffeln, 140 g Reissahne, 150 g Gemüsebrühe, gekochten Zwiebeln und der frischen Petersilie im Standmixer cremig pürieren. Mit Salz, Pfeffer, Muskatnuss abschmecken. Erbsencreme in den Topf giessen und die restlichen, ca. 350 - 400 g gegarten Erbsen, dazugeben und unterrühren. Mit 100 g Gemüsebrühe verdünnen. Der Rest der Gemüsebrühe kann tiefgekühlt werden.

Polenta-Ricottaknödel: Reismilch erwärmen. Polenta beigeben. Mit dem Schneebesen unter ständigem Rühren 2 - 3 Minuten köcheln lassen bis die Polenta dick wird. 1 Stunde beiseitestellen und abkühlen lassen. Dann die Polenta mit Cashew-Ricotta verrühren. Ca. 15 Bällchen formen.

Gebratenes Gemüse: Das Kraut der Bundkarotten abschneiden, dabei etwas Grün an den Karotten stehen lassen. Die Karotten unter fliessendem Wasser abwaschen und der Länge nach in Viertel schneiden. In wenig Öl mit Salz und Pfeffer anbraten. Beiseitestellen. Zucchini in lange Scheiben ganz fein hobeln. Diese auch ganz kurz im Öl mit etwas Salz und Pfeffer anbraten, dann locker aufrollen, damit eine Rose entsteht.

Serviervorschlag

Teller mit den grünen Erbsen anrichten. Polenta-Ricottaknödel, Karotten und Zucchinirollen darauf verteilen. Mit Erbsensprossen garnieren.

ROTE-LINSEN-DAL
mit Karotten und Tomaten

· · · · · · · · · · · · · · ·

Perfektes Zusammenspiel mit den Aromen. Kurkuma, Curry, Kardamom, Kreuzkümmel, Senf, Ingwer, Zimt und Chili verleihen dem Dal den perfekten, raffinierten Geschmack. Kokosmilch besänftigt die Schärfe der intensiven Gewürze und die Limette sorgt für den Frische-Kick. Ein verführerisches Abendessen, das schnell zubereitet ist. Das rote Linsen-Dal wird mit Basmatireis oder Papadams serviert.

Zutaten für 1 - 2 Portionen

2 EL Oliven-Bratöl
1 Zwiebel, fein gehackt
1 TL Senfkörner
180 g Karotten, klein gewürfelt
250 g rote Linsen – gründlich waschen
2 TL Ingwer, gerieben
1 - 2 Knoblauchzehen, fein gehackt
1 TL Kurkuma, gemahlen
1 TL Curry, gemahlen
1 TL Himalaya Kristallsalz
1/2 TL Kardamom, gemahlen
1/2 TL Kreuzkümmel, gemahlen

Pfeffer aus der Mühle
450 ml Kokosmilch, dickflüssig
100 ml Wasser
15 Kirschtomaten, gewürfelt
1 - 2 TL Zitronensaft oder Limettensaft
1 - 2 EL frische Korianderblätter, gehackt
1/3 TL Zimt, gemahlen
wenig Chiliflocken

Extras nach Belieben
Papadams (indisches, knuspriges Fladen-
brot), gekochter Basmatireis

Zubereitung

Das Öl in einem Topf erhitzen und die Zwiebeln mit Senfkörnern hineingeben. Nach 1 - 2 Minuten Karotten, Linsen, Ingwer und Knoblauch hinzugeben. Alles unter Rühren 1 Minute mitdünsten. Hitze reduzieren. Dann mit Kurkuma, Curry, Salz, Kardamom, Kreuzkümmel sowie Pfeffer bestäuben, umrühren und mit Kokosmilch und Wasser auffüllen. Ca. 20 - 25 Minuten zugedeckt köcheln lassen, dabei gelegentlich umrühren. Tomaten dazugeben und weitere 1 Minute köcheln. Hitze abschalten. Mit Zitronensaft, Korianderblättern, Zimt und Chiliflocken abschmecken und umrühren. Topf 5 - 10 Minuten zugedeckt stehen lassen. Das Dal mit Koriander bestreuen, mit Reis und Papadams servieren und geniessen.

Tipp

Getrocknete Papadams aus dem indischen Laden im Öl kurz frittieren und abtropfen lassen.

KARTOFFEL-TOFUBÄLLCHEN

mit Tabouleh und gefüllter Peperoni

. . . .

Zeit zum abschalten, entspannen und dazu eine kleine feine Mezze Platte geniessen. Kartoffel-Tofubällchen sind ein super Fingerfood oder eine tolle Beilage zum Salat. Sie schmecken besonders gut mit Tabouleh Salat und Cashew-Ricotta gefüllter Peperoni. Mit Artischocke, Oliven, Kresse und Vogelmiere, wird die Platte abgerundet.

Zutaten für 2 Portionen

Kartoffel-Tofubällchen

215 g Kartoffeln, gekocht

115 g Räuchertofu

1/2 TL Himalaya Kristallsalz

30 g 4-Korn Mehl (Werz), glutenfrei

wenig Oliven-Bratöl zum Braten

Tabouleh-Salat

280 g Quinoa, gekocht

250 g Fleischtomaten, entkernt und klein gewürfelt

150 g Gurken, klein gewürfelt

100 g rote Peperoni, klein gewürfelt

4 - 5 EL Petersilie, fein gehackt

1 EL Olivenöl

2 TL Zitronensaft

Salz und Pfeffer aus der Mühle

Gefüllte Peperoni

6 kleine Spitzpeperonis

110 g Cashew-Ricotta

Marinierte junge Artischoken

300 - 350 g junge, kleine Artischoken

750 ml Wasser

1 Zitrone, gepresst

1 TL Himalaya Kristallsalz

1 Zitronenscheibe

100 ml Olivenöl

4 EL Zitronensaft

1 EL Petersilie, fein gehackt

etwas Salz und Pfeffer

Extras nach Belieben

schwarze Oliven, Kresse, Vogelmiere, Zitronen-Olivenöl

Zubereitung

Kartoffel-Tofubällchen: Gekochte und noch warme Kartoffeln mit Räuchertofu in einen Topf geben. Kartoffeln mit Tofu stampfen. Mit Salz abschmecken. Glutenfreie Mehlmischung beigeben und mit der Masse verrühren. 12 Bällchen formen. Etwas Mehlmischung in eine kleine Schüssel geben und die Kartoffel-Tofubällchen in der Mehlmischung wenden. Auf der Handfläche die Bällchen etwas flach drücken. Öl in einer kleinen Bratpfanne erhitzen und die Bällchen beidseitig je 5 Minuten goldbraun anbraten.

Tabouleh-Salat: Gekochte Quinoa (100 g Quinoa mit 230 g Wasser fertigkochen.) abkühlen lassen. Tomaten, Gurken und Peperoni mit Quinoa mischen. Petersilie beigeben. Mit Olivenöl, Zitronensaft, Salz und Pfeffer, abschmecken.

Gefüllte Peperoni: Spitzpeperonis im Backofen bei 180 Grad ca. 10 - 15 Minuten backen. Spitzpeperonis abkühlen lassen. Die Peperonis köpfen und die Schale entfernen. Spitzpeperonis mit Cashew-Ricotta befüllen. Cashew-Ricotta kann mit Oregano, Chiliflocken, Pfeffer oder Knoblauchpulver, gewürzt werden.

Marinierte junge Artischoken: Von den Artischoken die äusseren harten Blätter grosszügig entfernen, dann die Spitzen abschneiden. Die Artischoken längs halbieren und in einem Topf in 750 ml Zitronenwasser mit 1 TL Salz legen. Zitronenscheibe beigeben und die Artischoken ca. 20 Minuten zugedeckt kochen. Dann herausheben und gut abtropfen lassen. Olivenöl mit Zitronensaft, Petersilie, Salz und Pfeffer in eine kleine Schüssel geben und die heissen Artischoken mit der Marinade verrühren. 15 Minuten ziehen lassen.

Serviervorschlag

Teller mit Kartoffel-Tofubällchen und Tabouleh anrichten. Gefüllte Peperoni in dicke Scheiben schneiden und auf dem Teller platzieren. Marinierte Artischocken und Oliven verteilen. Mit Kresse und Vogelmiere garnieren. Der Teller kann mit anderen Aufstrichen (S. 64) ergänzt werden.

ERBSENFALAFEL
mit Koriander-Minze-Raita
und orientalischem Reissalat

. . . .

Ein genussvoller Sommer! Erbsenfalafel mit Cashew-Ricotta und Minze ist eine leichtere Variante zur traditionellen Falafel. Dazu eine Koriander-Minze-Raita, ein köstlicher Volltreffer. Orientalischer Reissalat mit herrlich duftenden Gewürzen, Orangen und Tomaten, schmecken einfach köstlich. Grünsalat mit Zitronen-Olivenöl und Kokosblüten Vinaigrette ist super erfrischend und umrahmen die köstlichen Falafel wunderschön auf dem Teller.

Zutaten für 2 Portionen

. . . .

Erbsenfalafel (ergibt 20 - 30 Stück)

150 g getrocknete Kichererbsen
(ca. 300 g eingeweicht)
65 g grüne Erbsen fein, gefroren
1 EL Wasser
1 TL Olivenöl
2 g Minze
12 g Petersilie
6 g Koriander
2 - 3 Knoblauchzehen

20 g Zwiebeln, grob geschnitten
1,5 EL Zitronensaft
3/4 TL Himalaya Kristallsalz
wenig Zitronenpfeffer
1/2 TL Kreuzkümmel, gemahlen
50 g Cashew-Ricotta
20 g 4-Korn Mehlmischung (Werz), glutenfrei
Oliven-Bratöl zum Frittieren

Koriander-Minze-Raita

100 g veganer Sauerrahm
1 - 2 TL Zitronensaft
6 g Minze

9 g Koriander
etwas Himalaya Kristallsalz

Orientalischer Reissalat

200 g gekochter Basmatireis (S. 173)
1 Orange, geschält und gewürfelt
6 - 8 Kirschtomaten, gewürfelt
1 EL Olivenöl
1/2 TL Zitronen-Olivenöl
Je 1 TL frische Petersilie, Koriander, Basilikum, gehackt
1 TL Zitronensaft

1/4 TL Himalaya Kristallsalz
wenig Kreuzkümmel, Kardamom, Kurkuma, Zimt, Pfeffer, gemahlen

Extras nach Belieben
wenig grüner Salat in Zitronen-Olivenöl gewendet

Zubereitung

Erbsenfalafel (ergibt 20 Stück): Die getrockneten Kichererbsen über Nacht einweichen. Nach 12 Stunden die Kichererbsen mit frischem Wasser mehrmals abwaschen, dann abtropfen. Grüne Erbsen mit 1 EL Wasser und 1 TL Olivenöl 5 Minuten andünsten. Die Kichererbsen und die grünen Erbsen abtropfen. Alle Zutaten in die Küchenmaschine geben, grob hacken. Die Masse zu ca. 20 - 30 baumnussgrossen Kugeln formen. Die Falafel-Bällchen portionsweise in einer kleinen Bratpfanne mit viel Öl von allen Seiten für ca. 5 Minuten backen. Herausnehmen, auf Haushaltpapier abtropfen.

Koriander-Minze-Raita: Alle Zutaten in einen kleinen Mixer geben und cremig pürieren.

Orientalischer Reissalat: Reis bissfest kochen und abkühlen lassen. Den Reis in eine Schüssel geben. Orangen, Tomaten und frische Kräuter, dazu geben. Mit Olivenöl und Zitronen-Olivenöl beträufeln. Mit Zitronensaft, Salz und Gewürzen abschmecken. Den Reis gut umrühren.

Serviervorschlag

Falafel mit Koriander-Minze-Raita und frischen Salatblättern auf dem Teller anrichten. Dazu eine kleine Schale mit Reis servieren.

WEISSE POLENTA
mit Pilzen, Rucola und Petersiliencreme

· · · · · · · · · · · · · · · ·

Weisse Polenta ist sehr edel und vielseitig verwendbar. Sie passt zu salzigen und süssen Speisen. Polenta kann gut vorbereitet und im Kühlschrank für 1 - 3 Tage gelagert werden. Passt wunderbar zu einem Pilzragout oder einer Tomatensauce mit grilliertem Gemüse. Die Polenta kann in beliebige Formen geschnitten oder ausgestochen werden. Die weisse Polenta mit gebratenen Pilzen, Pilzsauce, Rucola Salat und Petersiliencreme, ist kaum zu toppen.

Zutaten für 4 Portionen

Polenta

300 ml Gemüsebrühe	100 g Polenta weiss
100 ml Reissahne	1 EL Margarine oder vegane Butter

Pilzsauce

80 g braune Champignons, klein geschnitten	60 g Kartoffeln, klein gewürfelt
80 g Kräuterseitling oder Shiitake Pilze, klein geschnitten	20 g Zwiebel, gewürfelt
	300 ml Wasser
45 g Karotten, grob geraspelt	1/2 TL Himalaya Kristallsalz
30 g Sellerieknolle, grob geraspelt	2 EL Reissahne oder Soya Cuisine

Petersiliencreme

15 g Petersilie	wenig Himalaya Kristallsalz
100 ml Wasser	0.5 g Xanthan
1 TL Zitronensaft	

Gebratene Pilze

3 EL Oliven-Bratöl	geschnitten
250 g braune Champignons, klein geschnitten	1 EL frische Thymianblättchen
	Salz und Pfeffer
160 g Kräuterseitling oder Shiitake Pilze, klein	

Rucola Salat

100 g Rucola Salat	wenig Himalaya Kristallsalz
1 EL Zitronen-Olivenöl	

Zubereitung

Polenta: Gemüsebrühe zum Kochen bringen. Wenn das Wasser kocht, die Herdplatte auf die kleinste Stufe stellen und die Polenta mit dem Schneebesen einrühren, bis eine glatte Masse entsteht. Reissahne beigeben und ca. 5 - 8 Minuten auf dem Herd bei kleinster Stufe köcheln lassen. Butter darunterrühren. Danach die Polentamasse ca. 1 cm hoch auf ein mit Backpapier ausgelegtes Backblech giessen. Die Masse ca. 1 Stunde abkühlen lassen bis sie fest geworden ist. Aus der Polenta nun beliebig grosse Vierecke schneiden oder mit einer Ringform ausstechen. Danach vor dem Servieren in einer Pfanne mit wenig Öl beidseitig kurz anbraten.

Pilzsauce: Pilze und Gemüse in einen kleinen Topf geben, mit 300 ml Wasser aufgiessen und mit Salz abschmecken. Aufkochen und anschliessend die Hitze reduzieren. Zugedeckt 20 Minuten köcheln lassen. Topf leeren, alles in den Standmixer geben und auf höchster Stufe cremig mixen. Pilzsauce mit Soya Cuisine verfeinern.

Petersiliencreme: Die Petersilie in einen kleinen Mixer geben und mit Wasser und Zitronensaft mixen. Salz und Xanthan beigeben und solange mixen, bis die Creme dickflüssig wird.

Gebratene Pilze: Pilze mit frischem Thymian im Olivenöl ca. 5 - 8 Minuten anbraten. Mit Salz und Pfeffer abschmecken.

Rucola Salat: Rucola Salat mit dem Öl gut vermengen und mit Salz abschmecken.

Serviervorschlag

Die Polenta in eine Ringform geben und bis auf zwei Drittel der Ringhöhe die gebratenen Pilze darauf schichten und pressen. Danach Rucola Salat aufschichten. Pilzsauce am Rand der Ringform verteilen. Ringform vorsichtig entfernen. Petersiliencreme auftupfen. Mit gebratenen Pilzen und Sprossen dekorieren.

INDISCHE KÖSTLICHKEITEN
mit orientalischen Gewürzen

. . . .

Das Geniessen und Teilen authentischer indischer Gerichte bietet einen wunderschönen Moment zum Entspannen und Zusammenkommen mit Freunden und Familie. Zitronenreis mit Basilikum und Pininekerne, Gemüse-Korma, Gurken-Raita, Mango Chutney, Koriander-Minze-Raita, Auberginen Chutney und Rote-Linsen-Dal, verzaubern jeden Gaumen.

Zutaten für 4 Personen

Zitronenreis mit Basilikum und Pininenkerne

4 EL Pinienkernen

2 EL Olivenöl

2 TL Senfsamen

1 kleine Zwiebel, fein gehackt

3/4 TL Kreuzkümmel, gemahlen

1/2 TL Kurkuma, gemahlen

400 g Basmatireis, gekocht (S. 173)

1 EL Cranberries

3 EL Zitronensaft

1 Zitronenschale, gerieben

Himalaya Kristallsalz

1 Handvoll Basilikum, fein geschnitten

Gemüse-Korma

65 g Zwiebeln, klein geschnitten

2 EL Oliven-Bratöl

3 - 4 Knoblauchzehen, fein geschnitten

2 TL Ingwer, frisch gerieben

55 g Tomatenmark

25 g Cashewkerne

1/2 Peperoncini, in Scheiben geschnitten

1,5 TL Curry, gemahlen

Je 1 TL Kreuzkümmel, Koriander, gemahlen

Je 1/2 TL Kardamom, Kurkuma, gemahlen

Je 1/4 TL Zimt, Fenchel, Nelken, Muskatnuss

etwas Pfeffer

Je 1/2 TL Zucker und Salz

500 ml Kokosmilch

140 g Süsskartoffeln, gewürfelt

200 g Zucchini, gewürfelt

110 g Broccoliröschen, geschnitten

120 g Blumenkohl, geschnitten

120 g Erbsen, gefroren

200 ml Wasser

1/2 TL Himalaya Kristallsalz

140 g Tofu, gewürfelt

2 - 3 EL veganer Naturjoghurt

Gurken-Raita

200 g Gurke, grob geraspelt

200 g veganer Sauerrahm

3 EL Minze, fein gehackt

2 TL Zitronensaft, frisch gepresst

2 Prisen Asfoetida Gewürzmischung

etwas Himalaya Kristallsalz

Mango Chutney

300 g reife Mango, fein gewürfelt
1 Knoblauchzehe, fein gerieben
1/2 EL Ingwer, fein gerieben
1/3 TL Kardamom, gemahlen
1/4 TL Zimt, gemahlen
1/2 TL Kokosblütenzucker
etwas Schwarzkümmelsamen, Kurkuma

Nelken, gemahlen
Himalaya Kristallsalz und Cayenne Pfeffer
zum Abschmecken
2 TL Weissweinessig
25 ml Orangensaft, frisch gepresst
1 TL Limettensaft, frisch gepresst

Koriander-Minze-Raita (S. 203)

Auberginen-Chutney (S. 72)

Rote-Linsen-Dal (S. 198)

Zubereitung

Zitronenreis mit Basilikum und Pininenkernen: Zuerst die Pinienkernen rösten. Die Kerne einfach in die Pfanne geben und ohne Fett bei mittlerer Hitze rösten. Dabei häufig wenden. Sobald sie goldbraun werden und intensiv duften, die Pinienkernen aus der Pfanne nehmen und abkühlen lassen. In einer grossen Bratpfanne das Olivenöl erhitzen und Senfsamen und Zwiebeln glasig andünsten. Kreuzkümmel und Kurkuma beigeben und 1 Minute mitbraten. Reis und Cranberries dazugeben und weitere 2 - 3 Minuten braten. Mit Zitronensaft, Zitronenschale und Salz abschmecken. Hitze abschalten. Frischer Basilikum dazugeben. Optional mit Zitronenpfeffer abschmecken.

Gemüse-Korma: In einer grossen Bratpfanne das Öl erhitzen und die Zwiebeln darin ca. 2 Minuten andünsten. Knoblauch, Ingwer, Tomatenmark, Cashewkerne, Peperoncini, Gewürze, Kokosblütenzucker und Salz dazugeben und 1 Minute mitbraten. Mit 350 ml Kokosmilch ablöschen und ca. 5 Minuten alles köcheln lassen. Das Ganze im Mixer cremig pürieren und beiseitestellen. In der selben Pfanne das Gemüse mit wenig Öl 5 Minuten anbraten, dann das Wasser und den Salz beigeben und das Wasser verkochen. Nach ca. 5 Minuten Tofu beigeben, Korma-Paste, 150 ml Kokosmilch unterheben und gedeckt weitere 5 Minuten köcheln lassen. Vor dem Servieren mit Joghurt und Salz abschmecken.

Gurken-Raita: Gurke mit Sauerrahm mischen. Minze und Zitronensaft beigeben. Mit Asfoetida und Salz abschmecken.

Mango Chutney: Mango mit Knoblauch und Ingwer in die Pfanne geben und 2 Minuten unter ständigem Rühren kochen. Kardamom, Zimt, Zucker, Schwarzkümmelsamen, Kurkuma und Nelken dazugeben und weitere 4 Minuten kochen. Mit etwas Salz und Cayenne Pfeffer abschmecken und mit Essig ablöschen. Weitere 2 - 3 Minuten kochen. Orangensaft und Limettensaft dazugeben. Hitze abschalten.

ITALIAN-MOUSSAKA
mit Hirse, Kartoffeln, Aubergine und Sonnenblumen-Hack

· · · · · · · · · · · · · · · ·

Es schmeckt wie eine Lasagne, erinnert mich aber an ein griechisches Mousakka. Das Rezept entstand, als ich verschiedene Reste verarbeiten wollte. Kochen ist so was kreatives und entspannendes. Das Ergebnis ist ein traumhaftes Gericht. Geschichtet mit sahnigen Kartoffeln, Hirse, gebratenen Auberginen, cremiger Tomatensauce und Sonnenblumen-Hack. Sonnenblumen-Hack ist eine super nähstoffreiche und gesunde Alternative zu Hackfleisch. Ein Gericht, was mehr Vorbereitung braucht, dafür schmeckt es am nächsten Tag noch cremiger.

Zutaten für 4 Portionen

Gekochte Hirse

240 ml Wasser
100 g Goldhirse

1/4 TL Himalaya Kristallsalz
1 EL Olivenöl

Tomatensauce ohne Kochen

240 g reife Fleischtomaten
30 g getrocknete Tomaten
6 EL Olivenöl

3 TL Cashewmus
Eine kleine Handvoll, ca. 20 Basilikumblätter
wenig Zitronen Pfeffer, gemahlen

Sonnenblumen-Hack

1 EL Olivenöl
2 - 3 EL Zwiebeln, fein gehackt
60 g Kirschtomaten, klein geschnitten
2 Knoblauchzehen, fein gehackt
40 g Sonnenblumen-Hack

1/4 TL Paprika Pulver
1/4 TL Himalaya Kristallsalz
1/2 TL Oregano, getrocknet
Pfeffer aus der Mühle
100 ml Wasser

Gebratene Auberginen

300 g Auberginen
1/2 TL Himalaya Kristallsalz

4 - 5 EL Olivenöl zum Marinieren
3 - 5 EL Olivenöl zum Braten

Kartoffeln in Reissahne

280 g Kartoffeln, geschält
200 ml Reissahne oder Soja Cuisine
100 ml Wasser

3/4 TL Himalaya Kristallsalz
Pfeffer und Muskatnuss

Zubereitung

Gekochte Hirse: Wasser mit Salz aufkochen, Hirse beigeben. Hitze reduzieren, zugedeckt bei kleiner Hitze ca. 10 Minuten köcheln lassen. Von der Platte nehmen, Olivenöl beifügen und 5 Minuten quellen lassen.

Tomatensauce ohne Kochen: Alle Zutaten in den Standmixer geben und fein pürieren. Sonnenblumen-Hack: In einer kleinen Bratpfanne Olivenöl erhitzen und Zwiebeln darin 1 Minute braten. Tomaten beigeben und weitere 1 - 2 Minuten braten. Knoblauch und Sonnenblumen-Hack dazugeben. Mit Gewürzen abschmecken und mit Wasser ablöschen. Weitere 2 - 3 Minuten braten.

Gebratene Auberginen: Eine grosse Aubergine mit Gemüsehobel in dünne Scheiben schneiden und mit Salz bestreuen. Mit 4 - 5 EL Olivenöl beträufeln und gut vermengen. 3 EL Olivenöl in einer Pfanne erhitzen und die Auberginen 2 Minuten bei mittlerer Hitze von beiden Seiten goldbraun braten. Beim Braten 2 - 4 TL Wasser dazugeben. Wasser verdampft schnell, aber es hilft, dass die Auberginen gar werden und nicht zu fettig und schwer sind. Alle Auberginenscheiben braten und dabei immer wenig Olivenöl verwenden.

Kartoffeln in Reissahne: Kartoffeln mit Gemüsehobel in ganz dünne (1 mm) Scheiben schneiden. In einem Topf Kartoffelscheiben mit Reissahne köcheln lassen. Wasser und Gewürze dazugeben und weiter köcheln lassen, bis sie fast gar sind.

Serviervorschlag

Ofen auf 180/200 Grad mit Umluft vorheizen. Entweder eine grössere oder zwei kleinere Auflaufformen (16 x 16 cm) leicht einölen. Die cremigen Kartoffelnscheiben am Boden einschichten. Sonnenbumen Hack darauf verteilen. Einer weitere Schicht mit Auberginen abdecken. Eine Schicht Hirse darauf verteilen und mit Tomatensauce abdecken. Wieder mit Auberginen, Hirse und Sonnenblumen-Hack belegen. Mit Tomatensauce abdecken und mit Auberginenscheiben abschliessen. Die Auflaufform für 20 Minuten in den Ofen schieben. Vor dem Servieren 5 - 10 Minuten warten, bis es schnittfest ist.

ZUCCHINI-HIRSEPÄCKCHEN
mit Ricotta und Spinat

. . . .

Zucchini-Hirsepäckchen gefüllt mit Cashew-Ricotta und Spinat, übergossen mit fruchtiger Tomatensalsa bietet einen aromatischen Genuss mit mediterraner Note!

Zutaten für 6 Päckchen - 2 Portionen

Hirse-Spinatfüllung mit Cashew-Ricotta

210 g Wasser

1/4 TL Himalaya Kristallsalz

90 g Hirse

130 g Spinatblätter, tiefgekühlt

2 EL Wasser

1 EL Olivenöl

etwas Salz, Knoblauchpulver, weisser Pfeffer

80 g Cashew-Ricotta

Tomatensalsa

250 ml Soya Cuisine

170 g gehackte Tomaten aus der Dose

20 - 25 g Tomatenpüree

2 EL Edelhefeflocken

1/4 TL Himalaya Kristallsalz

1/4 TL Knoblauchpulver

1/4 TL Kurkuma, gemahlen

1/4 - 1/2 TL Oregano, getrocknet

1/8 TL Paprika Pulver

Prise Muskatnuss und Pfeffer

6 - 8 frische Basilikumblätter

Zucchini-Hirsepäckchen (für 6 Päckchen)

1 - 2 mittelgrosse Zucchini (möglichst lang)

Zubereitung

Hirse-Spinatfüllung mit Cashew-Ricotta: Wasser mit Salz aufkochen, Hirse beigeben. Hitze reduzieren, zugedeckt bei kleiner Hitze ca. 10 Minuten köcheln. Vom Herd nehmen und 5 Minuten quellen lassen. Spinatblätter mit Wasser und Olivenöl ca. 10 Minuten in einem kleinen Topf zugedeckt dünsten. Mit etwas Salz, Knoblauchpulver und weissem Pfeffer abschmecken. Spinatblätter abtropfen und unter die Hirse rühren, dabei Cashew-Ricotta beifügen. Nach Geschmack mit Salz und Pfeffer abschmecken.

Tomatensalsa: Soya Cuisine mit gehackten Tomaten, Tomatenpüree, Edelhefeflocken und mit weiteren Gewürzen, zusammenrühren. 1 - 2 Minuten in einem kleinem Topf kochen. Eventuell mit Salz abschmecken. Tomatensalsa beiseite stellen, bis die Zucchini-Hirsepäckchen bereit sind.

Zucchini-Hirsepäckchen: Die Zucchini waschen, die Strunkenden abschneiden und anschliessend die Zucchini mit dem Sparschäler längs in dünne Scheiben schneiden. Es werden 24 Scheiben benötigt. Zwei Zucchinistreifen werden jeweils überlappend über Kreuz gelegt. Die Hirse-Spinatfüllung mittig auf die Zucchinistreifen setzen und eingeschlagen, so dass geschlossene Päckchen entstehen. Die Zucchini-Hirsepäckchen dann in eine ofenfeste Form (15 x 25 cm) geben und mit Tomatensalsa übergiessen. 30 Minuten bei 180 - 200 Grad im Ofen backen. Zucchini-Hirsepäckchen gleich servieren und mit Basilikum-Sprossen oder Rucola anrichten.

KARTOFFELN
mit Tofu-Rührei und Spinat

. . . .

Zutaten für 1 - 2 Portionen

Kartoffeln mit Tofu Rührei

250 g Kartoffeln, geschält und klein gewürfelt

140 g Tofu Natur

2 EL Oliven-Bratöl

2 EL Zwiebeln, fein gehackt

1/4 TL Kurkuma, gemahlen

1/4 TL Paprika, gemahlen

1/2 TL Himalaya Kristallsalz

Gedünsteter Blattspinat

1 - 2 EL Oliven-Bratöll

100 - 200 g Blattspinat

Salz, Pfeffer und Knoblauchpulver

Geschmorte Tomaten

100 ml Wasser

4 EL Olivenöl

200 g Rispentomaten

6 - 8 Basilikumblätter

Extras nach Belieben

Schnittlauch, Korianderblätter, Chiliflocken, fermentiertes Gemüse (Sauerkraut, Salz-gurken, Kimchi), geschmorte Tomaten

Zubereitung

Kartoffeln mit Tofu Rührei: Kartoffeln im Salzwasser bissfest kochen. Tofu mit einer Gabel zerbröseln. In der Bratpfanne das Olivenöl erhitzen und die Zwiebeln darin glasig dünsten. Kartoffeln und Tofu dazugeben und würzen. 3 - 5 Minuten anbraten und Hitze abschalten. Kartoffeln mit dem Tofu Rührei auf dem Teller anrichten und mit frisch gehackter Schnittlauch und Koriander darüber geben. Optional mit Chiliflocken bestreuen. Gedünsteter Blattspinat anrichten. Mit fermentiertem Gemüse oder Salat servieren.

Gedünsteter Blattspinat: Öl in einer Pfanne erhitzen und den Spinat zugeben. Spinat bei mittlerer Hitze leicht zusammenfallen lassen. Mit Salz, Pfeffer und Knoblauchpulver abschmecken.

Geschmorte Tomaten: Wasser und Öl in einer kleinen Pfanne erhitzen. Rispentomaten und Basilikumblätter hineingeben. Zugedeckt 2 - 3 Minuten schmoren, bis die Haut beginnt aufzuspringen.

GEFÜLLTE TORTILLA-ROLLEN
mit orientalischer Erbsencreme

Das perfekte Gericht für einen lauen Sommerabend. Diese Tortilla-Rollen sind schnell herge-stellt und schmecken hervorragend. Die cremig milde Harissa Creme ist von den gefüllten Tortilla-Rollen nicht wegzudenken. Fermentiertes Gemüse runden die intensive Geschmacks-kombination ab.

Zutaten für 5 – 6 Wraps / 2 – 3 Portionen

Orientalische Erbsencreme mit Hirse

300 ml Wasser
1/4 TL Himalaya Kristallsalz
125 g Hirse
180 g grüne Erbsen, tiefgekühlt
1 EL Olivenöl
25 ml Wasser
9 g frische Petersilie
7 g frischer Koriander

3 EL Olivenöl
3 EL Soya Cuisine
1 EL Zitronensaft
1/4 TL Himalaya Kristallsalz
wenig Zitronenpfeffer
1/4 Avocado
1 TL Zitronensaft
etwas Knoblauchpulver und Salz

Harissa

45 g Zwiebeln, geschält und klein geschnitten
1 EL Olivenöl
1 TL Koriandersamen
190 g Peperoni rot, klein geschnitten
1 Peperoncini, klein geschnitten
1/4 TL Kümmel, gemahlen
1/4 TL Kreuzkümmel, gemahlen

1/4 TL Himalaya Kristallsalz
2 getrocknete Tomaten
1 TL Zitronensaft
2 TL Cashewmus

Extras nach Belieben
Fermentiertes Gemüse oder Essiggurken, Mikrokräuter

5 – 6 Wraps, glutenfrei

Zubereitung

Orientalische Erbsencreme mit Hirse: Wasser mit Salz aufkochen, Hirse beigeben. Hitze reduzieren, zugedeckt bei kleiner Hitze ca. 10 Minuten köcheln. Vom Herd nehmen und 5 Minuten quellen lassen. Umrühren und etwas abkühlen lassen. Grüne Erbsen mit Wasser und Olivenöl ca. 10 Minuten in einem kleinen Topf zugedeckt dünsten. Grüne Erbsen ohne die Kochflüssigkeit in den Mixer geben und mit frischen Kräutern, Olivenöl, Soya Cuisine, Zitronensaft, Salz und Pfeffer mixen. Die Avocadohälfte mit wenig Zitronensaft, Knoblauchpulver und Salz mit einer Gabel zusammendrücken. Grüne Erbsencreme und Avocadocreme unter die Hirse rühren. Nach Geschmack noch mit etwas Salz und weissem Pfeffer abschmecken.

Harissa: Zwiebeln in Olivenöl mit den Koriandersamen 2 Minuten in der Pfanne anschwitzen. Peperoni, Peperoncini, Kümmel, Kreuzkümmel und Salz beifügen und weitere 5 Minuten mitbraten. Gebratenes Gemüse mit 2 getrockneten Tomaten, dem Zitronensaft und dem Cashewmus im Mixer fein pürieren.

Serviervorschlag

Wraps nacheinander in einer heissen Pfanne von jeder Seite ca. 20 Sekunden erhitzen. Wraps mit dem Erbsenpüree bestreichen und aufrollen. Wraps in Stücke schneiden und mit Harissa, fermentiertem Gemüse und Mikrokräuter servieren.

Tipp

Die Kernen der Peperonicini entfernen, damit das Harissa milder schmeckt.

KÜRBIS-CURRY
mit Rotkohl und schwarzem Reis

. . . .

Dies ist ein köstliches und gehaltvolles Curry. Rotkohl mit Sternanis, schwarzer Reis und gebratene Kräuterseitlinge, passen hervorragend zu diesem Gericht.

Zutaten für 2 – 3 Portionen

Kürbis-Curry

4 - 5 Stängel Zitronengras, fein geschnitten
2 Kaffir-Limettenblätter
3 EL Oliven-Bratöl
1 Zwiebel, fein geschnitten
3 - 4 Knoblauchzehen, fein geschnitten
10 g Ingwer, fein geraspelt
1 rote Chili, Samen entfernt und klein geschnitten
2 TL Curry, gemahlen
1/2 TL Kurkuma, gemahlen
1/4 TL Kardamom, gemahlen
1/4 TL Galangal, gemahlen

1/2 TL Himalaya Kristallsalz
etwas weisser Pfeffer
300 ml Kokosmilch, dickflüssig
500 - 550 g Kürbis, geschält und gewürfelt
150 - 200 g Kichererbsen aus dem Glas
2 EL Oliven-Bratöl
1 Süsskartoffeln, geschält und klein gewürfelt
1/4 TL Himalaya Kristallsalz
1/4 TL Curry, gemahlen
1/8 TL Ingwer, gemahlen
1 reife Fleischtomate, gewürfelt

Schwarzer Reis

1 kleine Zwiebel, fein geschnitten
2 EL Olivenöl
250 g schwarzer Vollkornreis

600 ml Wasser
1/4 TL Himalaya Kristallsalz

Rotkohl mit Sternanis

210 g Rotkohl, fein geschnitten
1 Apfel
30 g Zwiebeln, geschält
2 EL Olivenöl
50 ml Wasser
3 Sternanis
2 Lorbeerblätter
1 kleine Zimtstange
3/4 TL Kokosblütenzucker

1/2 TL Kümmel, gemahlen
1/2 TL Himalaya Kristallsalz
1 TL Zitronensaft
wenig weisser Pfeffer

Extras nach Belieben
Kresse, einfach gebratene Kräuterseitlinge, geröstete und gehackte Erdnüsse, Limettenscheibe

Zubereitung

Kürbis-Curry: Das Zitronengras schälen, die äusseren vertrockneten Blätter entfernen und die Stängel in feine Ringe schneiden. Den harten Mittelstrang der Kaffir-Limettenblätter entfernen und die Blätter in feine Streifen schneiden. Das Öl in eine breite Bratpfanne geben und Zitronengras, Kaffir-Limettenblätter, Zwiebeln, Knoblauch, Ingwer und Chili während 2 Minuten andünsten. Die Gewürze beigeben, mit Kokosmilch ablöschen und 3 - 4 Minuten köcheln lassen. Kürbis beifügen und zugedeckt 20 - 25 Minuten köcheln lassen. Ca. 60 - 70 % des Kürbis-Curry in den Mixer geben und fein Pürieren. Die Kürbis-Curry-Paste zurück in die Pfanne geben und mit Kichererbsen weitere 5 Minuten köcheln lassen. In einer anderen Pfanne 2 EL Olivenöl mit klein gewürfelten Süsskartoffeln und Gewürzen ca. 10 Minuten von allen Seiten bei mittlerer Hitze anbraten. Während dem Braten ca. 100 ml Wasser langsam beifügen, damit die Süsskartoffeln gar werden. Das Wasser soll abgekocht werden. Zum Schluss die Süsskartoffeln und Fleischtomaten unter das Kürbis-Curry rühren und 5 Minuten zugedeckt köcheln lassen.

Schwarzer Reis: Olivenöl erhitzen und darin Zwiebel anschwitzen. Reis beigeben, kurz mitdünsten. Wasser und Salz dazugeben und unter dem Deckel bei kleiner Hitze 50 - 60 Minuten köcheln lassen.

Rotkohl mit Sternanis: Rotkohl, Apfel und Zwiebel fein hobeln. Mit 2 EL Olivenöl kurz andünsten. Wasser, Sternanis, Lorbeerblätter, Zimtstange, Zucker, Kümmel, und Salz dazugeben und zugedeckt ca. 10 - 20 Minuten dünsten. Zitronensaft hinzufügen und mit Pfeffer abschmecken.

Serviervorschlag

Kürbis-Curry mit schwarzem Reis und Rotkohl servieren. Mit gebratenen Kräuterseitlingen, Kresse, Erdnüssen und Limettenscheiben, dekorieren.

BUCHWEIZENSALAT
mit Blumenkohl und weisser Bohnenpaste

. . . .

Nussiger Buchweizen mit frischen Kräutern, Olivenöl, Pekannüsse, Datteln und Zitrone, ist ein köstlicher Sommersalat. Dank des Buchweizens ist der Salat sehr nahrhaft. Im Buchweizen steckt eine Menge Magnesium, Kalium, Eisen, B-Vitamine und Vitamin E. Er schmeckt hervorragend mit gebratenem Blumenkohl und weisser Bohnenpaste.

Zutaten für 2 Portionen

Buchweizensalat

150 g Buchweizen
300 ml Wasser
50 g Pekannüsse, klein gehackt
2 Medjool-Datteln, entkernt und klein geschnitten
1/2 rote Peperoni, fein gewürfelt
20 g Petersilie, fein geschnitten
10 g Schnittlauch, fein geschnitten
1 – 2 EL Aenis-Minze, fein geschnitten

1 kleine Handvoll frische grüne Erbsen
3 EL Olivenöl
4 - 5 EL Zitronensaft
1 TL Balsamico Essig
2 TL Yacon Sirup
1/4 TL Zimt, gemahlen
1/4 TL Ingwer, gemahlen
1/4 TL Kreuzkümmel (optional)
etwas Salz und Zitronenpfeffer

Weisse Bohnenpaste

240 g Canneloni Bohnen aus der Dose, abgetropft
50 ml Olivenöl
25 ml Wasser

1 Knoblauchzehe
1,5 EL Zitronensaft
1/4 TL Himalaya Kristallsalz
etwas Zitronenpfeffer

Blumenkohl aus dem Ofen

1 Kopf Blumenkohl, mittelgross
1, 5 l Wasser
1/4 TL Kurkuma, gemahlen

1/4 - 1/2 TL Kreuzkümmel, gemahlen
1/4 TL Kardamom, gemahlen
1/4 TL Himalaya Kristallsalz

Zubereitung

Buchweizensalat: Buchweizen in einen Kochtopf geben und mit Wasser und Salz aufkochen. Sobald das Wasser kocht, den Herd auf niedrige Hitzestufe stellen und den Buchweizen ca. 15 Minuten bei geschlossenem Deckel köcheln lassen. Herd abschalten und den Buchweizen 5 Minuten im Dampf stehen lassen. Anschliessend die Buchweizen in eine Schüssel geben und auskühlen lassen. Den Buchweizen mit Pekannüssen, Medjool-Datteln, Peperoni, frischen Kräutern und grünen Erbsen, vermengen. Olivenöl, Zitronensaft, Balsamico Essig, Yacon Sirup, Gewürze und Salz, beifügen. Je nach Geschmack kann der Salat mit frischen Korianderblättern gemischt werden. Buchweizensalat mit Blumenkohl aus dem Ofen und weisser Bohnenpaste servieren. Mit frischer Minze und Kefen dekorieren.

Weisse Bohnenpaste: Bohnen mit kaltem Wasser abspülen und abtropfen. Alle Zutaten im Mixer zu cremiger Paste pürieren.

Blumenkohl aus dem Ofen: Blätter des Blumenkohls entfernen. Für den Blumenkohl einen passenden Topf nehmen worin er mit Wasser bedeckt werden kann. Das Wasser mit Gewürzen aufkochen und den Blumenkohl ca. 5 Minuten kochen lassen. Herausnehmen, abtropfen lassen und den Blumenkohl auf ein mit Backpapier belegtes Blech legen. Eventuell mit etwas Salz bestreuen. Anschliessend den Blumenkohl im vorgeheizten Backofen bei 220 Grad, 15 bis 20 Minuten backen.

Tipp

Tomatensalat ist ein guter Begleiter dieses Gerichts. Eine Fleischtomate in Spalten schneiden. Mit 1 - 2 EL Zitronen-Olivenöl und wenig Salz beträufeln. Fein gehackte Petersilie, Basilikum und Minze, über den Salat geben. Je nach Geschmack geröstete Pinienkernen darüber streuen.

Süsses

BROWNIES
mit Haselnüssen

. . . .

Mein Herz schlägt höher, wenn es um Brownies geht. Dieser Schokoladengenuss ist der beste Weg, um die Seele baumeln zu lassen. Saftig-schokoladig und mit einer knusprigen Kruste, schmecken sie einfach am besten. Für Brownies empfehle ich nur qualitativ hochwertige dunkle Schokolade zu verwenden. Sie werden geschmacksintensiver und super nahrhaft. Die Brownies am Schluss mit weisser Himbeer-Schokoladencreme beträufeln, sieht sehr dekorativ aus und schmeckt lecker.

Zutaten für eine Backform von ca. 21x14 cm

Brownies

85 g dunkle Couverture Drops

20 g Rapsöl oder Aprikosenkernöl

30 g Reissahne oder Soya Cuisine

10 g Eiweiss-Ersatz

50 ml Wasser

55 g Mandelmehl

40 g Haselnüsse, gemahlen

50 g Kokosblütenzucker

Prise Salz und Vanillepulver

50 g Tofu natur, mit Gabel zerdrückt

1 TL Cashewmus

Weisse-Schokoladencreme mit Himbeeren

30 g Weisse-Schokolade, vegan

12 g Cashewmus

20 g Wasser

15 g Reissirup

2 g Himbeeren, gefriergetrocknet

SÜSSES

Zubereitung

Brownies: Den Backofen auf 170 Grad vorheizen. Die Backform mit Backpapier auslegen. Couverture Drops in eine Schüssel geben und über dem Wasserbad schmelzen lassen. Die geschmolzene Couverturemasse mit Rapsöl und Reissahne vermischen. Die Schüssel beiseitestellen. Eiweiss-Ersatz mit Wasser 1 - 2 Minuten steif schlagen. Die Masse halbieren, denn nur die Hälfte (25 g) wird für die Brownies gebraucht. Kleine Mengen Eiweiss-Ersatz Pulver lassen sich nur schwierig mit dem Handrührgerät aufschlagen. Für die doppelte Menge Brownies die ganze Masse verwenden. Mandelmehl mit den gemahlenen Haselnüssen, Kokosblütenzucker, Salz und Vanille in einer Schüssel gut mischen. Die Schokoladencreme unterrühren und den zerdrückten Tofu untermischen. Anschliessend Cashewmus und 25 g Eiweiss zum Teig geben und gut einrühren. Den Teig in eine Form von ca. 21x14 cm füllen und 1 cm dick glatt streichen. Im Ofen auf der mittleren Schiene bei 170 Grad mit Unterhitze und Umluft 20 - 30 Minuten backen. Herausnehmen und auskühlen lassen. Brownies in 8 Stücke schneiden und mit weisser Schokoladencreme beträufeln.

Weisse-Schokoladencreme mit Himbeeren: Weisse Schokolade grob hacken und in eine kleine Schmelzschale geben. Weisse Schokolade über dem Wasserbad schmelzen lassen. Geschmolzene Schokolade mit Cashewmus, Wasser, Reissirup und gefriergetrockneten Himbeeren in einem kleinen Mixer cremig mixen.

TAPIOKA PUDDING
mit Schokoladenmousse und Mango

. . . .

Super fein und lecker. Schicht für Schicht treffen sich verschiedene Aromen und interessante Konsistenzen. Ein Geschmackserlebnis!

Zutaten für 7 – 8 Gläser (je 150 ml)

Schokoladenmousse

350 ml Wasser
45 g dunkle Couverture Drops
45 g Cashewmus
40 g Kokosblütenzucker

2 Medjool-Datteln
5 Tropfen Vanille Essenz
75 ml Wasser
5 g Agar-Agar

Tapioka Perlen in Reismilch

60 g Tapioka Perlen
400 - 450 ml Reismilch
1 TL Cashewmus

2 EL Erythritol oder Reissirup
Prise Himalaya Kristallsalz
3 Tropfen Vanille Essenz

Mangocreme

20 - 30 g Passionsfruchtsaft
200 g reife Mango, geschält und gewürfelt
1 EL Reissirup

50 ml Wasser
1 g Agar-Agar

Zubereitung

Schokoladenmousse: Wasser mit Couverture Drops, Cashewmus, Kokosblütenzucker, Datteln, Vanille Essenz in einem Standmixer glatt mixen. 75 ml Wasser mit 5 g Agar-Agar in einem kleinen Topf verrühren und schnell aufkochen. Hitze abschalten. Die Schokoladencreme mit der Agar-Agar Mischung im Mixer zusammen mixen. Schokoladencreme in eine Schüssel geben und im Kühlschrank für 3 Stunden erstarren lassen. Schokoladencreme wieder in den Standmixer geben und kurz mixen, bis eine fluffige Mousse entsteht. Schokoladenmousse in 7 - 8 Gläser verteilen und in den Kühlschrank stellen.

Tapioka Perlen in Reismilch: Tapioka Perlen im Wasser für 10 - 20 Minuten einweichen. Danach die Perlen absieben und mit 400 ml Reismilch in einem Topf zum Kochen bringen. Hitze sofort reduzieren und bei schwacher Hitze weitere 5 - 8 Minuten die Perlen köcheln lassen. Dann Cashewmus, Erythritol, Salz und Vanille Essenz dazugeben und gut verrühren. Die Kügelchen werden durchsichtig. Tapioka Pudding 20 - 30 Minuten abkühlen lassen. Wenn die Masse zu dick ist, 50 ml Reismilch dazugeben. Den Pudding in die Gläser auf die Schokoladenmousse füllen und abkühlen lassen.

Mangocreme: 2 - 3 Passionsfrüchte halbieren, das Fruchtfleisch mithilfe eines Löffels herauslösen und in ein Sieb geben. Den Saft in einer Schale auffangen. Den Saft mit der Mango und dem Reissirup in den Standmixer geben und fein pürieren. 50 ml Wasser mit 1 g Agar-Agar in einem kleinen Topf verrühren und schnell aufkochen. Hitze abschalten. Agar-Agar Mischung in den Standmixer geben und mit der Mango-Mischung mixen. Mangocreme in die Gläser über den Tapioka Pudding geben und die Gläser in den Kühlschrank stellen. Nach 20 Minuten kann das Dessert serviert werden.

Banane-Heidelbeer
MUFFIN

. . . .

Dieser Muffin schmeckt frisch am besten. Die Banane sorgt für eine tolle Konsistenz. Die Schokolade und Heidelbeeren verfeinern den Geschmack.

Zutaten für 12 Muffins

400 g Banane ohne Schale
150 ml Reismilch
7 g Backpulver
25 g Kokosblütenzucker oder Xylitol
12 g Rapsöl

2 TL Weissweinessig
wenig Salz und Vanillepulver
225 g 4-Korn Mehlmischung (Werz), glutenfrei
50 g dunkle Schokolade, fein gehackt
70 - 80 g Heidelbeeren, gefroren

Zubereitung

Backofen auf 180 Grad vorheizen. Das 12er-Muffinblech mit veganer Butter ausstreichen und mit Mehl bestäuben. Bananen mit dem Kartoffelstampfer zerdrücken. Die gestampften Bananen in eine Schüssel geben und mit Reismilch, Backpulver, Zucker, Rapsöl, Essig, Salz und Vanille vermischen. Im Anschluss die Mehlmischung und die Schokolade unter die Bananen-Mischung rühren. Die gefrorenen Heidelbeeren vorsichtig darunter heben. Den Teig in die Muffinform verteilen. 30 Minuten bei 180 Grad mit Unterhitze und Umluft backen.

EISCREME-HERZ

. . . .

Diese Leckerbissen sind eine wohltuende kleine Erfrischung. Die Beerenmischung wird mit den Bananen, dem Reissirup, Cashew Joghurt und Cashewmus gemixt und in kleine Eiwürfelbehälter gefüllt. Perfekte Grösse für den kleinen kalten Genuss.

Zutaten für 3 – 4 Silikonformen

200 g Beerenmischung, gefroren

150 g veganer Joghurt (S. 76)

40 g Cashewmus

70 g Reissirup

50 g Banane

1 g Guarkernmehl

Zubereitung

Alle Zutaten im Standmixer mixen und in Eiswürfelbehälter abfüllen. Für 24 Stunden in den Tiefkühler stellen.

POLENTA-RICOTTA BÄLLCHEN
mit Rhabarber-Erdbeeren Kompott und Orangencreme

· · · · · · · · · · · · · · ·

Das Rezept ist einfach, sieht raffiniert aus und schmeckt fantastisch. Polenta-Ricotta Kugeln passen wunderbar zu einem Dessertteller. Wenn keine frischen Rhabarber und Erdbeeren vorhanden sind, dann kann der Kompott durch eine einfache, feine Beerensauce aus gefrorenen Beeren, ersetzt werden.

Zutaten für 4 – 6 Portionen

Polenta-Ricotta Bällchen

300 ml Reismilch

2 Tonkabohnen

95 g weisse Polenta

1 EL Erythritol oder Xylitol

Prise Himalaya Kristallsalz

110 g Cashew-Ricotta

Extras nach Belieben

Kokosmilchpulver, Kokosraspeln

Orangencreme

120 g Cashewkerne

100 ml Orangensaft, frisch gepresst

3 - 5 EL Reissirup

3 - 4 EL Zitronensaft

1 Bio-Orangen, abgeriebene Schale

4 Tropfen Orangen-Zimt Würzessenz

Prise Himalaya Kristallsalz

Rhabarber-Erdbeeren Kompott und Rhabarber Sud

180 g Rhabarber, geputzt und in 1 cm breite Stücke geschnitten

120 g frische Erdbeeren, geputzt und geviertelt

300 ml Wasser

3 EL Erythritol

1 Zimtstange

wenig Vanillepulver

4 g Erdbeeren, gefriergetrocknet

0.5 g Xanthan

Schokoladencreme

4 g Edel-Kakaopulver

6 g Rapsöl

15 g Reissirup

2 TL Cashewmus

10 - 20 g Wasser

Zubereitung

Polenta-Ricotta Bällchen: Reismilch mit Tonkabohnen aufkochen und Hitze sofort reduzieren. Polenta, Erythritol und Salz beigeben. Mit dem Schneebesen unter ständigem Rühren 4 Minuten köcheln, bis die Polenta dick wird. 1 Stunde auf die Seite stellen und abkühlen lassen. Die Tonkabohnen entfernen. Dann die Polenta mit dem Cashew-Ricotta verrühren. 18 Bällchen formen. Optional können die Bällchen im Kokosmilchpulver oder den Kokosraspeln gewendet werden.

Orangencreme: Cashewkerne für 2 Stunden im Wasser einweichen. Das Wasser abschütten. Cashewkerne mit Orangensaft, Reissirup, Zitronensaft, Orangenschale, Würzessenz und Salz, im Standmixer cremig mixen.

Rhabarber-Erdbeeren Kompott und Rhabarber Sud: Rhabarber und Erdbeeren in einen Topf geben und mit Wasser auffüllen. Erythritol, Zimtstange und Vanille beigeben. Das Ganze zum Kochen bringen und Hitze sofort reduzieren. Rhabarber und Erdbeeren 3 - 5 Minuten garen. Hitze abschalten und abkühlen lassen. Gefriergetrocknete Erdbeeren reinlegen um den Geschmack zu verstärken.
100 ml Sud aus dem Topf nehmen und mit 0.5 g Xanthan in einem kleinen Mixer mixen.

Schokoladencreme: Kakaopulver in eine kleine Schale geben und mit Rapsöl glattrühren. Reissirup und Cashewmus beigeben und vermischen. Mit Wasser verdünnen und verrühren.

Serviervorschlag

Orangencreme auf einen Teller streichen. 3 Polenta-Ricotta Bällchen auf der Creme anrichten. Mit Puderzucker aus Erythritol bestäuben. Rhabarber-Erdbeeren Kompott arrangieren. Den verdickten Rhabarber-Erdbeeren Sud und die Schokoladencreme auftupfen. Mit essbaren Blumen und Aenis-Minze garnieren.

Kokos-Mango-Passionsfrucht
TORTE

. . . .

Diese Torte ist leicht und betörend zugleich. Mango und Passionsfrucht harmonieren sehr mit der fluffigen Kokoscreme. Kokoscreme basiert auf jungem Kokosnussfleisch, welches dezent und super cremig schmeckt. Der zarte Macadamia-Kokosboden rundet diese Torte ab.

Für eine Tortenform von 18 cm Durchmesser

Teigboden

55 g Macadamianüsse
25 g Mandeln, geschält
20 g Kokosraspeln
16 g Mandelmehl

2 TL Mandelmuss weiss
2 EL Agavennektar oder Reissirup
Prise Salz und Vanillepulver

Kokoscreme

2 – 3 junge Kokosnüsse (ergibt ca. 300 g junges Kokosnussfleisch)
150 ml Kokoswasser
35 g Erythritol

3 Tropfen Vanille Essenz
Prise Salz
75 ml Wasser
2,5 g Agar-Agar

Mango-Passionsfruchtcreme

50 ml Passionsfruchtsaft
300 g frische Mango, geschält und gewürfelt
1 EL Reissirup

50 ml Wasser
2,5 g Agar-Agar

Zubereitung

Teigboden: Macadamianüsse, geschälte Mandeln, Kokosraspeln und Mandelmehl in der Küchenmaschine zerkleinern, dann Mandelmus, Agavennektar, Vanille und Salz beifügen und zu einem krümeligen Teig verarbeiten. Teig auf dem Boden der Tortenform verteilen, andrücken und kühl stellen.

Kokoscreme: Junge Kokosnüsse sind in asiatischen Läden erhältlich. Zum Öffnen mit einem scharfen Messer die oberste Haut von der Spitze bis zu den holzigen Fasern entfernen. Dann mit einem Küchenbeil mehrere tiefe Schnitte rund um die Spitze der Kokosnuss schlagen und diese öffnen. Das Kokoswasser durch ein Sieb giessen und das weiche Kokosnussfleisch mit einem Löffel herauslösen. Je nach Kokosnuss ist mehr oder weniger Kokosfleisch enthalten und je nach Alter ist das Fleisch weicher oder härter. Eine junge Kokosnuss enthält zwischen 100 – 150 g Kokosnussfleisch. Für die Tortenfüllung wird 300 g junges Kokosnussfleisch gebraucht. Kokosnussfleisch von Holzfasern reinigen. Kokosnussfleisch (300 g) mit Kokoswasser, Erythritol, Vanille Essenz und Salz mixen, bis eine cremige Masse entsteht. 75 ml Wasser mit 2,5 g Agar-Agar in einem kleinen Topf verrühren und schnell aufkochen. Hitze abschalten. Agar-Agar Mischung in den Standmixer geben und mit der Kokoscreme mixen. Tortenform mit Tortenrandfolie auslegen. Die Kokoscreme auf dem Kuchenboden verteilen und die Torte für 1 Stunde im Kühlschrank fest werden lassen. Anschliessend die Mango-Passionsfruchtcreme auf der Kokoscreme ebenmässig verteilen.

Mango-Passionsfruchtcreme: 3 Passionsfrüchte halbieren, das Fruchtfleisch mithilfe eines Löffels herauslösen und in ein Sieb geben. Den Saft in einer Schale auffangen. Den Saft mit der Mango und dem Reissirup in den Standmixer geben und fein pürieren. 50 ml Wasser mit 2,5 g Agar-Agar in einem kleinen Topf verrühren und schnell aufkochen. Hitze abschalten. Agar-Agar Mischung in den Standmixer geben und mit der Mango-Mischung mixen. Die Mangocreme über die Kokoscreme geben und die Torte in den Kühlschrank stellen. Nach 2 - 3 Stunden kann die Torte serviert werden. Zum dekorieren Cashew-Ricotta Bällchen (S. 242) und essbare Blumen verwenden.

SCHOKOLADEN-
Torte

· · · · · · · · · · · · · · · ·

Ein zart schmelzendes Vergnügen auf der Basis von ungerösteten, steingemahlenen Couverture Drops. Nur hochwertige Schokolade eignet sich für diese Torte. Ein einzigartiger Genuss mit himmlisch leichter Textur und vollendetem Aroma. Natürlich gesüsst und mit Banane verfeinert. Im Handumdrehen entsteht diese feine Schokoladentorte ganz ohne Backen und verzaubert jeden Gaumen.

Für eine Ringform von 18 cm Durchmesser

Teigboden

55 g Cashewkerne
25 g Mandeln, geschält
16 g Haferflocken
16 g Mandelmehl

2 TL Cashewmus
2 EL Agavennektar oder Reissirup
Prise Salz und Vanillepulver

Schokoladencreme

300 ml Wasser
150 g Couverture Drops
90 g Cashewmus
85 g Banane (ohne Schale)

25 g Kokosblütenzucker
3 Medjool-Datteln
3 Tropfen Vanille Essenz
1.8 g Flohsamenschalen

Zubereitung

Teigboden: Die Cashewkerne zusammen mit den Mandeln, den Haferflocken und dem Mandelmehl in der Küchenmaschine zerkleinern, Vanille und Salz beigeben. Das Cashewmus und den Agavennektar hinzufügen und zu einem krümeligen Teig verarbeiten. Den Teig auf den Boden der Ringform drücken und kühl stellen.

Schokoladencreme: Alle Zutaten ausser der Flohsamenschalen mit dem Standmixer solange mixen, bis die Couverture Drops schmelzen und eine glatte Creme entsteht. Anschliessend die Flohsamenschalen zur Masse geben. Die ganze Masse mit dem Standmixer kurz mixen und auf den Teig giessen. Die Torte für mehrere Stunden im Kühlschrank fest werden lassen. Die Torte wird schnittfest und hat eine fluffige Konsistenz.

Serviervorschlag

Schokoladen Bar mit einem Gourmet Raffel raspeln und den Tortenrand damit verzieren. Die Oberfläche der Torte mit Kakaopulver bestreuen und mit Schokoladen- und Pfefferminzblätter dekorieren.

Für die Pfefferminz-Schokoladenblätter 50 g Couverture Drops über dem Wasserbad schmelzen lassen. Die Rückseite der Blätter in die Kuvertüre geben oder einfach mit Kuvertüre bepinseln. Im Kühlschrank auf einem Backpapier trocknen lassen. Nach 1 - 2 Stunden die Blätter vorsichtig am Stiel von der Schokolade lösen.

KAROTTEN-KUCHEN
mit Zitronencreme

. . . .

Diese leckeren Schnitten passen immer und halten sich zwei bis drei Tage im Kühlschrank. Sie schmecken unglaublich frisch und süss zugleich. Drei Schichten mit verschiedenem Geschmack und Textur verwöhnen Augen und Gaumen.

Für eine Backform von ca. 27x18 cm

Karotten-Kuchen

50 g Haferflocken, glutenfrei

25 g Mandelmehl

25 g Haselnüsse, gemahlen

25 g 4-Korn Mehlmischung (Werz), glutenfrei

40 - 50 g Erythritol oder Kokosblütenzucker

1 TL Backpulver

45 g veganer Sauerrahm

25 g Reismilch

300 g Karotten (110 g Trester daraus)

30 g Haselnussmus

20 g Kokosöl

1 Bio-Orange, abgeriebene Schale

1 TL Zitronensaft

Prise Salz und Vanillepulver

Zitronencreme

100 g Cashewkerne

100 ml Wasser

1 Bio-Zitrone, abgeriebene Schale

50 ml Zitronensaft

70 g Reissirup

Prise Salz

4 - 5 Tropfen Vanille Essenz

50 ml Wasser

2,5 g Agar-Agar

Karottenschicht

350 g Karotten (135 g Trester daraus)

2 Orangen

10 g Ingwer

35 g Agavennektar

12 g Flohsamenschalen

Zubereitung

Karotten-Kuchen: Den Backofen auf 180 Grad vorheizen. Die Backform mit Backpapier auslegen. Haferflocken, Mandelmehl, Haselnüsse, Mehlmischung, Erythritol und Backpulver in einer Schüssel gut mischen. Sauerrahm, Reismilch, Karottentrester, Haselnussmus, Kokosöl, Orangenschale, Zitronensaft, Salz und Vanille untermischen. Den Teig in die Form füllen, glattstreichen und im Ofen bei 180 Grad etwa 25 - 30 Minuten mit Unterhitze und Umluft backen. Herausnehmen, auskühlen lassen. Zitronencreme auf den Kuchen verteilen und für ca. 1 Stunden im Kühlschrank fest werden lassen. Anschliessend Karottenschicht gleichmässig auf die Zitronencreme verteilen.

Zutaten Zitronencreme: Cashewkerne für 2 Stunden im Wasser einweichen. Das Wasser abschütten und die eingeweichten Cashewkerne (125 g) mit 100 ml Wasser, Zitronenschale, Zitronensaft, Reissirup, Salz und Vanille Essenz in den Standmixer geben und glatt mixen. 50 ml Wasser mit 2,5 g Agar-Agar in einem kleinen Topf verrühren und schnell aufkochen. Hitze abschalten. Agar-Agar Mischung in den Standmixer geben und mit Zitronencreme mixen. Zitronencreme auf dem Karotten-Kuchen ebenmässig verteilen.

Karottenschicht: Die Karotten schälen. Die geschälten Karotten entsaften. Karottensaft kann für ein Juice (S. 12) verwendet werden. Nur Karottentrester wir in diesem Rezept gebraucht. Orangen schälen und mit 10 g Ingwer entsaften (ergibt etwa 250 ml). 175 ml Orangen-Ingwersaft (Rest für einen Juice verwenden oder einfach so trinken als Erfrischung und Deckung des Tagesbedarfs an Vitamin C.) in eine kleine Schüssel geben und 135 g Karottentrester reinlegen. Agavennektar und Flohsamenschalen beigeben und gut vermengen. Die Schüssel für ca. 30 Minuten in den Kühlschrank stellen, damit die Flohsamenschalen quellen und die Karottenschicht auf die Zitronencreme verteilt werden kann.

CHOCOLATE CHIP
Cookies

. . . .

Unkompliziert und vielfältig lassen sich die Chocolate Chip Cookies zubereiten. Aufgrund der hochwertigen und unraffinierten Zutaten kann gesund genascht werden!

Zutaten für etwa 18 Stück

90 g 4-Korn Mehlmischung (Werz), glutenfrei
40 g Haferflocken
20 g Sesamsamen
10 g Chia Samen
8 g Leinsamen
30 g Sonnenblumenkerne
2 TL Flohsamenschalen
40 g Kokosblütenzucker
1 KL Natron

1/4 TL Vanillepulver
Prise Himalaya Kistallsalz
30 g Cranberries, getrocknet und gehackt
17 g Goji Beeren, getrocknet
12 g Physalis, getrocknet und gehackt
30 g Couverture Drops, gehackt
30 g Kokosöl
40 - 50 g Cashewmus
45 g Reismilch

Zubereitung

Den Backofen auf 180 Grad Umluft vorheizen. Eine Backform mit Backpapier auslegen. Mehlmischung, Haferflocken, Sesamsamen, Chia Samen, Leinsamen, Sonnenblumenkerne, Flohsamenschalen, Kokosblütenzucker, Natron, Vanille und Salz in einer Schüssel gut mischen. Getrocknete Früchte und Couverture Drops untermischen. Kokosöl, Cashewmus und Reismilch hinzufügen und gut vermengen. Vom Teig kleine Portionen nehmen und Kugeln formen. Die Kugeln ein wenig flach drücken und auf das Backblech legen. Im Ofen auf der mittleren Schiene bei 180 Grad mit Unterhitze und Umluft 12 - 15 Minuten backen. Chocolate Chip Cookies herausnehmen und auskühlen lassen.

MACADAMIA TUILE
mit weisser Schoko-Sahne und Himbeeren

· · · · · · · · · · · · · · · ·

Eine spannende Interpretation der französischen Küche und mein absolutes Lieblings-
dessert. In diesem Rezept werden ganz dünne knusprige Macadamia-Cashew Plätzchen mit
weisser Schoko-Sahne und Himbeeren zu einem Vergnügen kombiniert. Die Macadamia
Tuile können luftdicht 1 - 2 Monate aufbewahrt werden. Super feiner Snack für Zwischendurch.

Für 4 Portionen

Macadamia-Cashew Tuile

50 g Macadamianüsse

50 g Cashewkerne

150 ml Wasser

30 g Kokosblütenzucker

6 g Kakaopulver

wenig Salz und Vanillepulver

1 - 2 Tropfen Vanille Essenz

1.8 g Flohsamenschalen

Weisse Schoko-Sahne

200 ml Wasser

55 g Cashewmus

40 g Agavennektar

57 g Basic Textur (Bindemittel aus
Zitrusfasern – online bestellbar)

Prise Himalaya Kristallsalz

3 Tropfen Vanille Essenz

20 - 30 g weisse Schokolade, vegan,
geschmolzen

Füllung

250 g frische Himbeeren

Heidelbeeren nach Belieben

Schokoladencreme für Dekoration (S. 242)

Zubereitung

Macadamia-Cashew Tuile :
Macadamianüsse und Cashewkerne für 2 - 4 Stunden einweichen. Das Wasser abschütten. Die eingeweichten Nüsse und Kerne mit 150 ml Wasser, Kokosblütenzucker, Kakaopulver, Vanille und Salz in den Standmixer geben und cremig mixen. Flohsamenschalen dazugeben und glatt mixen. Die Masse in einen Dressiersack füllen. Den Backofen mit Umluft auf 150 Grad vorheizen. Zwei Backbleche mit Backpapier belegen. Eine Dessertringform (Ø 8 cm) auf das Blech stellen und auf den Boden der Ringform eine dünne Schicht von der Masse drücken und verstreichen. Die Ringform vorsichtig abziehen und dieses Vorgehen solange wiederholen, bis die Bleche gefüllt sind. Den Ofen auf 100 Grad reduzieren. Die Bleche in den Ofen schieben und nur mit Umluft während 2 - 3 Stunden backen. Wenn die Plätzchen trocken und knusprig sind, herausnehmen und abkühlen lassen. Aufbewahrt in einer Dose behalten sie die knusprige Konsistenz.

Weisse Schoko-Sahne :
Wasser mit Cashewmus, Agavennektar, Basic Textur, Salz und Vanille Essenz im Standmixer mixen. Weisse Schokolade über dem Wasserbad schmelzen lassen und in den Standmixer geben. Kurz mitmixen. In ein Soda-Siphon (0.5 L z.B. von iSi) füllen und 1 – 2 Patronen einschrauben. Gut schütteln und mindestens für 3 - 6 Stunden oder über Nacht in den Kühlschrank stellen. Die Basic Textur kann mit 45 g weisser geschmolzener Schokolade, gemischt mit 1 g Xanthan, ersetzt werden. Im Grundrezept wird in diesem Fall auf 20 - 30 g weisse Schokolade verzichtet. Je länger die sahneähnliche Masse gekühlt wird, desto fester wird sie.

Serviervorschlag:

Jeweils eine Tuile auf einen Dessertteller legen und darauf einige Himbeeren setzen. Zwischen die Himbeeren die weisse Schoko-Sahne aufspritzen. Die zweite Tuile darauf-legen, wieder Sahne und Beeren darauflegen. Die dritte Tuile darauf setzen und mit etwas Sahne und Himbeeren dekorieren. Den Teller mit Schokoladencreme und nach Belieben mit einigen Pfefferminzblättern, Heidelbeeren, Himbeerenpulver und Kakaopulver dekorieren.

ZITRONEN-CHEESECAKE TART
mit Orangen und Aprikosen

· · · · · · · · · · · · · ·

Ich liebe Cheesecake. Sie sind cremig, zitronig, frisch und die Vanille macht sie aromatisch. Glutenfreie Mehlmischung mit Tofu und vegane Butter lassen sich in einen knusprigen Boden verwandeln. Für die cremige Füllung verwende ich fermentierter Tofu, Tofu-Sauerrahm und Macadamianussmus. Fermentierter Tofu ist super bekömmlich und gibt dem Cheesecake eine säuerliche Note.

Für eine 24er Tarteform mit Hebeboden

Bodenteig

175 g 4-Korn Mehlmischung (Werz), glutenfrei
100 g Margarine
30 g Wasser (optional)
60 g Tofu natur

30 - 40 g Erythritol oder Xylitol
½ EL Weissweinessig
Prise Salz und Vanillepulver

Zitronen-Cheesecake Füllung

200 g Feto (fermentierte Tofu, natur)
120 g veganer Sauerrahm
90 g Reissirup
40 g Macadamianussmus oder Mandelmus

4 Tropfen Vanille Essenz
1 Bio-Zitrone, abgeriebene Schale
3 - 4 EL Zitronensaft

Zubereitung

Bodenteig: Alle Zutaten in eine Schüssel geben und zu einem glatten Teig verarbeiten. Teig im Kühlschrank für 30 - 60 Minuten ruhen lassen. Nach einer Stunde den Teig aus dem Kühlschrank nehmen. Die Form gut einfetten und mit etwas Mehl bestäuben. Den Teig mit den Fingern vorsichtig in die Form drücken. Den Teigboden im vorgeheizten Backofen bei 180 Grad mit Unterhitze und Umluft 15 Minuten vorbacken. Der Teig sollte beim Backen nicht aufgehen. Wenn er es doch macht, einfach den Teigboden mit Hülsenfrüchten (z.B. mit Kichererbsen) belegen. Bodenteig herausnehmen und den Backofen auf 160 Grad stellen.

Zitronen-Cheesecake Füllung: Alle Zutaten im Standmixer cremig mixen. Cremefüllung auf vorgebackenen Teig giessen und bei 160 Grad mit Unterhitze und Umluft 25 - 30 Minuten backen. Cheesecake abkühlen lassen und in den Kühlschrank stellen. Nach 1 - 2 Stunden herausnehmen und servieren. Cheesecake mit frischen Früchten garnieren und als Tarte servieren oder mit Orangen-Aprikosen-Quark im Glas. Optional kann auch ein Orangen Topping auf der Cheesecake Tarte verteilt werden.

Tipp

Die Kombination mit Orangen, Aprikosen und Tofu Quark Dessert im Glas, passt wunderbar zum Cheesecake. Wer für das Dessert auf das Glas verzichten möchte, kann die Orangencreme mit dem Ingwer auf den Cheesecake streichen.

Orangen-Aprikosen-Quark im Glas
(für 6 Gläser von 150 ml)

Orangenschicht

2 Orangen, geschält

40 g Reissirup

1 cm Ingwerstück

50 ml Wasser

2.5 g Agar-Agar

Orangen mit Reissirup und Ingwer im Standmixer mixen. 50 ml Wasser mit 2.5 g Agar-Agar in einem kleinen Topf verrühren und schnell aufkochen. Hitze abschalten. Agar-Agar Mischung in den Standmixer geben und mit der Orangenmischung mixen. In die Gläser verteilen oder auf die Cheesecake Tarte giessen. In den Kühlschrank stellen bis die Tarte erstarrt ist.

Veganer Quark

300 g veganer Sauerrahm

50 g Reissirup

35 g Cashewmus

1 EL Zitronensaft

1/4 TL Vanillepulver

Sauerrahm mit Reissirup, Cashewmus, Zitronensaft und Vanille im Standmixer cremig mixen. Es schmeckt wie Vanille Quark. Über die Orangenschicht giessen und im Kühlschrank 30 - 60 Minuten erstarren lassen.

Aprikosen mit Gewürze

8 Aprikosen, geviertelt

1 EL vegane Butter oder Margarine

3 - 4 TL Kokosblütenzucker

3 - 4 grüne Kardamom-Kapseln

Frische Aenis-Minze zum Dekorieren

Kardamomkapseln im Mörser zerreiben. Die Hülle entfernen und die Samen weiter zerreiben. Butter in einer Pfanne erhitzen, den zerriebenen Kardamom und die Aprikosen dazugeben und eine Minute braten. Den Kokosblütenzucker dazugeben und eine weitere Minute braten. Hitze abschalten. Die Aprikosen dürfen nicht zerfallen und sollten karamellisiert sein. Mit Vanille und Zimt abschmecken. Die Aprikosen über den Tofu-Quark geben und mit Aenis Minze dekorieren.

APFELKUCHEN
mit Vanillecreme und Apfelgelee

· · · · · · · · · · · · · · · ·

Apfelkuchen mit Vanillecreme auf nussigem Teigboden, sind ein unschlagbares Team. Schmeckt einfach lecker!

Für eine 28er Tarteform mit Hebeboden

Apfelbelag

350 g Äpfel, geschnitten
30 g Rohrohrzucker
350 ml Wasser

1 Zitronenscheibe
1 Zimtstange
6 Nelken

Vanillecreme

10 g Maisstärke
4 - 5 g Johannisbrotkernmehl
65 g Rohrohrzucker

300 ml Soyamilch
¼ TL Vanillepulver
10 - 20 Tropfen Vanilleessenz

Mürbeteigboden

200 g Dinkelmehl hell
50 g Haselnüsse, gemahlen
50 g Banane, zerdrückt
20 g Cashew-Ricotta

50 g Erythritol
100 g Margarine
etwas Vanillepulver und Himalaya Kristallsalz

Apfelgelee

200 g Apfel-Wasser

4 g Flohsamenschalen

 Das Rezept enthält Gluten.

Zubereitung

Apfelbelag: Zirka 4 Äpfel mit einem Messer auf einem Küchenbrett in dünne Apfelspalten schneiden. In einer breiten Pfanne den Zucker leicht karamellisieren lassen und mit 350 ml Wasser ablösen. Die Apfelspalten reinlegen und mit Zitronenscheibe, Zimtstange und Nelken zugedeckt 5 Minuten garen, anschliessend alles abkühlen lassen. Das Apfel-Wasser absieben, sobald Mürbeteig fertig gebacken ist. Zimt, Nelken und Zitronenscheibe entfernen. Apfel-Wasser für Apfelgelee beiseitestellen. Apfelspalten auf die vorgebackene und mit Vanillecreme bestrichene Tarteform legen.

Vanillecreme: Maisstärke, Johannisbrotkernmehl, Rohrohrzucker und Soyamilch mit einem Schwingbesen verrühren und unter ständigem Rühren bei mittlerer Hitze zum Kochen bringen. Sobald die Masse bindet und cremig wird, die Pfanne sofort von der Herdplatte nehmen. Mit Vanilleessenz verfeinern. Vanillecreme auf die vorgebackene Tarteform streichen.

Mürbeteigboden: Den Backofen auf 180 - 200 Grad vorheizen. Alle Zutaten mischen und zu einem Mürbeteig kneten. Den Mürbteig auf die Grösse des Kuchenblechs dünn ausrollen und so in die Tarteform einlegen, dass man den Rand der Form noch gut mit Teig auslegen kann. Den Mürbeteig in den Backofen schieben und 10 Minuten blind backen. Nach 10 Minuten herausnehmen und den Teig mit Vanillecreme bestreichen. Apfelspalten auf die Vanillecreme kreisförmig und üppig belegen. Den Kuchen 15 Minuten fertigbacken. Anschliessend den Apfelkuchen kurz abkühlen lassen und mit Apfelgelee die Apfelspalten übergiessen. Den Apfelkuchen für eine Stunde vor dem Servieren in den Kühlschrank stellen, bis der Apfelgelee erstarrt ist.

Apfelgelee: Das abgesiebte und beiseite gestellte Apfel-Wasser mit Flohsamenschalen im Mixer zu einer gelartigen Konsistenz mixen. Zirka 30 - 60 Sekunden lang mixen und sofort auf die gebackenen Apfelspalten verteilen.

Tipp

Als Alternative kann Vanillecreme-Pulver verwendet werden. Um eine dickflüssige Vanillecreme zu erhalten, wird bei der Zubereitung von 70 g Vanillecreme-Pulver, 250 - 300 ml Soyamilch benötigt. Für eine perfekte Konsistenz und einen cremigen Geschmack kann zum Schluss 1 EL Cashewmus zu der Vanillecreme gegeben werden. Falls die Creme zu fest wird, mit wenig Soyamilch verdünnen.

DANKSAGUNG

. . . .

Das Erträumen jedes wunderbaren Rezeptes ist Teil einer inneren Reise. Die Entwicklung des Rezeptes ist die Erfüllung, um das raffinierte Spiel der Aromen zu erleben. Das Kostbarste an dieser Reise ist der Moment, wo wir das Essen gemeinsam geniessen können. Mit Liebe und Lachen wird das Essen gekrönt.

Ich spüre so viel Dankbarkeit, dass ich diese kulinarische Reise und Erfahrung mit Ihnen teilen darf. Durch dieses Buch möchte ich einige meiner Lieblingsrezepte und die Freude an dem veganen Kochen teilen. Ich bin unendlich dankbar für so viele liebevolle Menschen, die die Entstehung dieses Buches unterstützt haben.

Herzlichen Dank an meine Liebsten zu Hause, die mir immer die Kraft und Zeit gegeben haben, um etwas Schönes und Neues zu kreieren und mich weiterzuentwickeln. Ich möchte auch meinen Eltern herzlichst Danke sagen für die emotionale Unterstützung und für ihre bedingungslose Liebe.

Ich danke meinen treuen Freunden, die mich lieben, mich mit einem Blick erkennen und den unerschütterlichen Glauben an meine Projekte haben.

Ein besonderer Dank für den Einsatz, meine Gedanken auch in Deutsch in die richtigen Worte zu fassen, geht an: Anna, Ändu, Cornelia, Dorothea, Jasmin, Katrin, Nicole, Michael, Ruth, Sandra, Wanda.

Innigen Dank gilt Natalie für die Professionalität und das grösste Engagement das Buch in diese Form zu bringen.

Herzlichen Dank an Michael Brönnimann (Naturkostbar) für das Vertrauen, die wertvolle Synergien der Zusammenarbeit und unsere Freundschaft.

Ich bedanke mich bei meinem Freund, Robert Nakiewicz für seine unendliche Geduld und wunderschönen Bildaufnahmen.

Vielen Dank an Doris Hirzel, deren keramischen Kunstwerke die Präsentation meiner Gerichte wunderschön untermalt haben.

Ich bin sehr dankbar für Firmen in der Region, die meine Kreativität im freien Lauf unterstützt haben und mich mit feinsten Naturprodukten beschenkt haben: Espro-Sprossen, Naturkostbar, New Roots, Werz.

Ein grosser Dank an Marianna Schaller (Pflanzenkräfte-Gärtnerei, Teuffenthal), die mir aussergewöhnliche Gewürze, Heilpflanzen und einheimische Wildpflanzen auf eine wunderschöne Art und Weise näher bringt und meine Küche bereichert.

Herzlichen Dank an alle meine Kursteilnehmer für das entgegenbrachte Vertrauen und die Freude gemeinsam das Kochen zu geniessen.

REZEPTE

. . . .

REZEPTE

269

REZEPTE

270

IMPRESSUM

. . . .

Sofia's
LITTLE VEGAN ARTISAN

Sofia Rab

LITTLE VEGAN ARTISAN
Die Kulinarik mit Kunst und Liebe

1. deutsche Ausgabe 2020
ISBN 978-3-033-07981-6

Layout, Texte, Rezepte: Sofia Rab
Fotografie © Sofia Rab
Fotos S.87, S.145, S. 266 © Robert Nakiewicz
Cover © Robert Nakiewicz

Alle Rechte vorbehalten. Ohne schriftliche Genehmigung der Autorin
darf kein Teil dieses Buch es in irgendeiner Form – mechanisch, elektronisch,
fotografisch – reproduziert, vervielfältigt, übersetzt oder gespeichert werden.

Designed and printed in the EU